Halina Heitz

Palmen

So gedeihen sie am besten

Experten-Rat für
Kauf, Pflege und Vermehrung

Mit Farbfotos bekannter
Pflanzenfotografen und
Zeichnungen von Ushie Dorner

GU GRÄFE
UND
UNZER

Inhalt

Ein Wort zuvor 4

Was Sie über Palmen wissen sollten 6

Wo die Palmen herkommen 6
Aussehen der Palmen 6
Besonderes Kennzeichen:
Einkeimblättrig 6
Palmenblätter: Fieder und Fächer 6
Der Stamm der Palme 7
Duftende Palmenblüten 8
Bizarre Samen, bunte Früchte 8
Die Palme als Nutzpflanze 9
Palmen-Superlative 9
Palmengeschichte 10
Palmen in Europa 10

Ratschläge für den Palmenkauf 11

Auf den Standort kommt es an 11
Spezielle Tips für den Standort 11
Was Sie von Palmen
erwarten können 11
Palmen, die bei Ihnen alt
werden können 11
Wie groß werden Palmen? 11
Können Sie auf Blüten hoffen? 11
Tips für den Kauf 12
Woran Sie gesunde Palmen
erkennen 12
Verletzungsgefahr –
ein wichtiger Hinweis 12
Die Sache mit den Namen 13

Palmen als Urlaubsmitbringsel 15
„Palmenbörse" 15
Palmen, die den Markt noch
erobern wollen 15
Palmen für Terrassen und kühle
Wintergärten 15
Palmen für Innenräume 15

Palmenpflege leicht gemacht 16

Umtopfen nach dem Kauf? 16
Lebenselixier Licht 16
Lichtbedarf und geeignete
Standorte in der Wohnung 16
Wie Sie das Licht messen 16
Kunstlicht macht jeden
Standort möglich 17
Gießen mit Fingerspitzengefühl 18
Wann Sie gießen müssen 18
Die richtige Wassermenge 18
Von oben oder von unten
gießen? 18
Morgens oder abends gießen? 18
Tauchbad 19
Das richtige Gießwasser 19
Die Härte von Leitungswasser
feststellen 19
Wasser enthärten 19
Bewässerung im Urlaub 19
Wachstumsfaktor Luftfeuchte 20
Was ist relative Luftfeuchte? 20
Warum Luftfeuchte
so wichtig ist 20
Wie Sie die Luftfeuchte erhöhen 20

Was bringt Sprühen? 20
Vertragen Palmen trockene
Luft? 20
Düngen, aber mit Maß 20
Volldünger 21
Organische Dünger 21

Schachtelhalmtee 22
Wann Sie düngen müssen 22
Zehn goldene Düngeregeln 22
Umtopfen:
Was Sie vorher wissen müssen 22
Anzeichen fürs Umtopfen 22
Die richtige Jahreszeit 22
Geeignete Erde 22
Passende Töpfe 23
Ton- oder Kunststofftopf 23
So wird umgetopft 23
Palmen in der Sommerfrische 24
Palmen überwintern 24
Palmen draußen überwintern? 24
Kosmetik für Palmen 24
Palmen in Hydrokultur 26
Von Erd- auf Hydrokultur
umstellen? 26
Palmen in Tongranulat 27
Einsetzen ins Granulat 27
Palmen in Tongranulat düngen 27

Inhalt

Mit Palmen gestalten 28

Einzeln oder in Gruppen? 28
Pflanzen, die mit Palmen harmonieren 28
Darf man Palmen unterpflanzen? 28
Dekorative Töpfe, Übertöpfe, Kübel 30
Ungewöhnliche Gestaltungs- möglichkeiten 30
Palmen als Bonsai 30
Palmen in Minigärten 30

Schädlinge und Krank- heiten 31

Was Palmen krank macht 31
Die häufigsten Pflegefehler 31
Woran Sie erkennen, daß eine Palme kränkelt 31
Was die Wurzeln erkennen lassen 31
Die Bekämpfungsmöglichkeiten 31

Schildläuse 33
Woll- und Schmierläuse 33
Blasenfüße (Thripse) 33
Spinnmilben 33
Weiße Fliege 33
Trauermücken 34
Dickmaulrüßler 34
Pilzkrankheiten 34
Blattfleckenkrankheit 34
Sclerotium 34
Phoenix-Brandpilz 34
Nutzinsekten zur Schädlings- bekämpfung 35
Alternative Bekämpfung 35
Holunderblattbrühe gegen Blattläuse 35
Knoblauchtee gegen Pilzinfekte 35
Spiritus-Seifen-Lösung gegen Schild- und Wolläuse 35
Nikotinlösung gegen Blattläuse 35
Der Trick mit dem Plastikbeutel 35
Wo Sie noch Rat finden 35

Palmen erfolgreich vermehren 36

Der Samen für die Aussaat 36
Wichtig beim Samenkauf 36
Samen aus dem Urlaub 36
Samen selber ernten? 36
Leichte Keimer für Anfänger 36
Raritäten für Fortgeschrittene 36
So gelingt die Aussaat 37
Was Sie zur Aussaat brauchen 37

Worauf es in den ersten Wochen ankommt 37
Wichtige Pflegemaßnahmen 37
Pikieren und Einpflanzen 38
Palmen aus getrockneten Datteln 38
Wissenswertes über Datteln 38
Eigene Dattelernte? 39
Wie Sie eine Kokosnuß zum Keimen bringen 39
Anzucht geschälter Kokosnüsse 39
Was tut sich in der Nuß? 40
Palmen teilen 40
Palmen abmoosen 40
Vermehrung der Yucca 40

18 beliebte Palmen- arten, Palmfarn und Yucca

mit detaillierten Angaben zu Standort, Wasser, Erde, Düngen, Umtopfen, Vermehrung, Krankheiten, Schädlingen 42

Physiologische Störungen 31

Kümmerlicher Wuchs, Mißwuchs 32
Sonnenbrand 32
Gewebewucherungen, Aurigoflecken 32
Trockenschäden 32
Schädlinge 32
Blattläuse 32

Adressen, Bezugsquellen 60
Arten- und Sachregister 62

Keine Frage – Palmen erleben derzeit ein glanzvolles Comeback als Zimmer- und Freilandpflanzen. Immer mehr Hobbygärtner und Pflanzenfreunde bauen sich Wintergärten oder verglaste Veranden, zaubern sich mit Palmen Ferienstimmung auf der Terrasse, dem Balkon oder in einzelnen Gartenbereichen. Doch das ist es nicht allein, schauen Sie sich die moderne Architektur an: Glasfassaden, wohin das Auge blickt. Banken, Versicherungen und Industrie lassen Licht in ihre neuen Bürohäuser und Verwaltungsgebäude. Damit sind Voraussetzungen für eine Palmenwelle geschaffen, die das Palmenfieber des vorigen Jahrhunderts mit Sicherheit übertreffen wird.

Psychologen haben herausgefunden: Wer sich Palmen hält, ist weltoffen, großzügig und ist empfänglich für alles Schöne. Vielleicht liegt hier auch der Grund, warum Palmen als Statussymbole gelten. Andererseits zählen Palmen zu den erklärten Lieblingen von Studenten, die damit gekonnt ihre oft kargen Buden möblieren. Jeder Grafiker weiß das perfekte Design einer Palme zu schätzen. Und Innenarchitekten würde ohne Palmen ein wichtiges Requisit fehlen.

Dieser farbige GU Pflanzen-Ratgeber sagt Ihnen, worauf es ankommt, damit Palmen optimal wachsen und mit jedem Jahr größer und prächtiger werden. Entscheidend für den Erfolg ist, daß man seine Palme zuerst einmal genau kennenlernt. Daß man weiß, wo sie herkommt, wie sie in ihrer Heimat lebt, welche botanischen Eigenschaften sie besitzt.

Ausführliche Auskunft in Wort und Bild geben die einzelnen Steckbriefseiten: Hier finden Sie Beschreibungen und ausführliche Pflegeanleitungen für die attraktivsten Palmenarten, die dazu alle in Farbfotos abgebildet sind. Aber auch in den übrigen Kapiteln erfahren Sie vieles, was Sie vielleicht über Ihre Palmen bislang noch nicht wußten. Sicher ist: Wenn Sie Ihre Pflanze „verstehen", ist die Pflege nicht mehr schwer.

Weil aber gegen Schädlinge und Krankheiten auch die liebevollste Pflege machtlos ist, wurde diesen Themen ein Abschnitt gewidmet, in dem Sie alles Wichtige über Vorbeugung, Erkennung und Bekämpfung erfahren. Das hilft Ihnen, größere Schäden an Ihren Palmen zu vermeiden.

Besondere Aufmerksamkeit verdient das Kapitel über Palmenaussaat. Darüber ist bislang noch nicht viel geschrieben worden. Probieren Sie einmal selbst, aus Samen Palmen heranzuziehen! Wie's gemacht wird, ist Schritt für Schritt beschrieben. Gelingt Ihnen dieses reizvolle Experiment, können Sie stolz auf Ihren „grünen Daumen" sein. Vor allem erhalten Sie auf diesem Weg für wenig Geld Palmenraritäten, die es nirgends zu kaufen gibt.

Wer gern mit Pflanzen dekoriert, wird sich über die Gestaltungsempfehlungen freuen. Außerdem finden Freunde der Hydrokultur viele wertvolle Tips. Genauso wichtig sind die Ratschläge zum Kauf einer Palme, weil damit ein exotisches Abenteuer anfängt, das Sie sicher nicht mehr loslassen wird.

Viel Freude mit Palmen wünschen Ihnen die Autorin und die GU Naturbuch-Redaktion.

Die Autorin:
Halina Heitz, Redakteurin der Gartenfachzeitschrift „mein schöner Garten". Leiterin des Ressorts Zimmergarten.

Autorin und Verlag danken:
Der Verwaltung des Palmengartens Frankfurt/Main für die Fotografiererlaubnis. Andreas Riedmiller und den anderen Pflanzenfotografen für die außergewöhnlichen Palmenfotos. Ushie Dorner für die informativen Zeichnungen.

Wichtiger Hinweis:
In diesem Buch geht es um die Pflege von Palmen im Zimmer, auf Balkon und Terrasse. An einigen Palmenarten und an der Palmlilie (Yucca) kann man sich verletzen. Im Beschreibungsteil (Seite 42 bis 59) wird in dem jeweiligen Beschreibungstext unter dem Stichwort „Warnung" auf die Verletzungsgefahr hingewiesen. Pflanzen, bei denen Verletzungsgefahr besteht, sollten für Kinder und Haustiere unerreichbar aufgestellt werden. Ist dies nicht möglich, sollten Sie unbedingt auf solche Pflanzen verzichten.

Prachtvolle Dattelpalme und üppig ▷
blühende Geranien bringen Ferienstimmung vor die Haustür.

Was Sie über Palmen wissen sollten

Bevor Sie eine Palme kaufen, sollten Sie die Eigenarten dieser Pflanzenfamilie kennen. Darum zuerst ein Ausflug in die spannende Palmenbotanik. Heimat, Aussehen und Wuchsverhalten liefern wichtige Hinweise auf die Pflege. Außerdem: Wußten Sie, daß Palmen zu den wichtigsten Nutzpflanzen der Welt gehören und ihre Geschichte eng mit dem Bau der riesigen Glashäuser in Europas Metropolen verbunden ist?

Wo die Palmen herkommen

Zur Palmenfamilie (botanisch *Palmae* oder *Arecaceae)* gehören mehr als 3000 Arten und über 200 Gattungen. Sie leben in tropischen, subtropischen, einige wenige auch in mediterranen Regionen. Die meisten Arten sind im Amazonasgebiet und im indomalayischen Inselarchipel beheimatet. Palmen kommen im Unterholz tropischer Regenwälder genauso vor wie in 3000m hohen Gebirgsmassiven. Sie sind in Savannen, Steppen, Wüsten und an Meeresstränden zu Hause. Nur wenige vertragen Frost, einige halten Temperaturen bis etwa 5°C aus, der Großteil aber zieht warm-feuchte Luft vor.

Aussehen der Palmen

Da Palmen sich mit zunehmendem Alter majestätisch dem Himmel entgegenrecken, nannte der Botaniker Linné sie *Principes*, das heißt Fürsten. Unter dieser Bezeichnung rangieren sie in der botanischen Systematik ganz vorn, denn sie zählen zu den hochentwickelten Pflanzen.

Besonderes Kennzeichen: Einkeimblättrig

Säen Sie einmal Palmen aus (→ Seite 36). Nach der Keimung entdecken Sie, daß sich nur ein einziges Blatt und nicht, wie zum Beispiel bei Salat oder Buche, ein Blattpaar entwickelt. Salopp ausgedrückt, sind einkeimblättrige Pflanzen irgendwann in grauer Vorzeit aus der Entwicklung zur Zweikeimblättrigkeit ausgeschert und „eigene Wege" gegangen. Auch die Yucca gehört in die Gruppe hochspezialisierter Einkeimblättriger, nicht aber der Palmfarn. Dieser Dinosaurier der Pflanzenwelt war schon Jahrmillionen vor den Palmen da.

Palmenblätter: Fieder und Fächer

Palmenblätter entwickeln sich, indem sich an der Austriebstelle zuerst eine Art Spieß vorschiebt. Darin verbirgt sich, ganz eng zusammengefaltet und wie verklebt, bereits das ganze Blatt. Hat der Spieß eine gewisse Länge, öffnet er sich langsam. Bei der *Howeia* (Kentiapalme, → Seite 49) dauert das zum Beispiel oft zwei bis drei Wochen. Während der Blattentwicklung hängen häufig Fäden und Zellreste herunter, die man nicht abschneiden sollte.

Zwei hauptsächliche Blattformen lassen sich bei den Palmen deutlich unterscheiden: die Fieder und die Fächer.

Bei Fiederpalmen sitzen einzelne Blättchen, meist lang und schmal (lanzettlich) oder linienförmig geformt, rechts und links der Blattmittelachse. Das Gesamtbild des Fiederblattes – das landläufig als Palmwedel bezeichnet wird – wirkt länglich-oval. Die Größe der Blätter kann erheblich schwanken. Die Fiederblätter der *Chamaedorea* (Bergpalme, → Seite 45) sind nur wenige Dezimeter groß, die der *Raphia taedigera* erreichen 9 bis 22m Länge und 12m Breite!

Fiederblatt.
Fiederblätter wirken durch ihre feine Zerteilung graziler als Fächerblätter. Durch ihre Struktur sind sie in der Lage, auch in düsteren Urwäldern noch ein Maximum an Licht zu erhaschen.

Fächerpalmen haben nahezu kreisrunde Blätter. Das Einzelblatt ist mehr oder weniger tief zerteilt und am Rand mehr oder weniger tief eingeschnitten.

Der Stamm der Palme

Außer der Dumpalme, die verzweigte Stämme bildet, haben alle Palmen einen unverzweigten Stamm, an dessen Ende Wedel oder Fächer sitzen. Manche besitzen einen stark gestauchten Stamm, andere entwickeln den Stamm erst mit den Jahren. Obwohl Palmen zu den Bäumen gehören, ist ihr Wachstum mit dem unserer heimischen Gehölze nicht vergleichbar. Während Eichen oder Linden mit zunehmendem Alter immer dicker werden und Jahresringe bilden, steht bei der Palme der Stammumfang schon im Jugendalter fest. Sie wächst praktisch von einer Grundfläche (Basalpostament) aus säulenartig in die Höhe. Ursache dafür ist das Verhalten ihres Sprosses. Nach der Keimung geht er nicht nur in die Höhe, sondern bei üppiger Gewebebildung vor allem in die Breite. So entsteht der Stamm, der sich je nach Art dick oder dünn entwickelt und immer wieder anders aussieht: mal glatt, mal rauh, gegliedert oder ungegliedert, narbig oder stachelig, mit Fasern oder Blattresten bedeckt, goldgelb, grün, grau oder blau bereift. Besonders auffällig ist das bei Palmen seltene Rot der Blattstiele und Mittelrippen von *Cyrtostachys renda,* der Siegellackpalme (→ Foto Seite 17).
Übrigens: Bei Palmen (auch bei Yuccas) ist es völlig normal, wenn bei der Stammbildung die unteren Blätter vertrocknen oder abfallen. Ausnahme: Bei *Washingtonia robusta* (→ Seite 57) fallen die Blätter nicht von allein ab, sondern neigen sich nach unten.

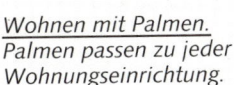

Wohnen mit Palmen.
Palmen passen zu jeder
Wohnungseinrichtung.

Duftende Palmenblüten

Die Blütenstände der Palmen stehen zunächst als geschlossene Kolben in der Wedelkrone oder unterhalb der Blätter am Stamm seitlich ab. Öffnet sich der Kolben, verströmen die meist cremeweißen Einzelblüten einen mehr oder weniger intensiven Geruch, der vermutlich Insekten anlocken soll. Die Blüten sind entweder zwittrig oder männlich beziehungsweise weiblich. Oft stehen die männlichen und weiblichen Blüten auf verschiedenen Bäumen wie bei *Phoenix dactylifera* (Dattelpalme, → Seite 52), oder sie befinden sich auf einem Baum am Ende oder Anfang des Blütenstandes wie bei *Cocos nucifera* (Kokospalme, → Seite 48). Ob und wann Ihre Palmen im Zimmer blühen, können Sie auf Seite 11 nachlesen.

Bizarre Samen, bunte Früchte

Manche Palmensamen gleichen Kaffeebohnen, andere sind von Natur aus mit drei Löchern ausgestattet, einige sind mit Fasern bedeckt, andere glatt poliert. Es gibt knochenharte und watteweiche, federleichte und kiloschwere, kugelrunde, ovale, braune, graue oder schwarze Samen. Häufig sind die Samen in knallbunten Stein- oder Beerenfrüchten oder in bizarr aussehenden Panzerfrüchten eingebettet.

Viele Samen enthalten ein Nährgewebe, das dem Keimling als „Amme" dient (→ Palmen erfolgreich vermehren, Seite 36) und von Menschen genutzt wird, zum Beispiel zur Herstellung von Speiseöl oder Kosmetikartikeln.

Ihr Nutzen ist 999fach, sagen die Eingeborenen von der Kokospalme, die für uns Traumurlaub symbolisiert.

Die Palme als Nutzpflanze

Kein Mitteleuropäer kann ermessen, wie lebensnotwendig Palmen für die Bewohner der Tropen und Subtropen sind. Aber auch wir profitieren täglich vom Reichtum dieser Pflanzenfamilie, wenn wir uns auf Rattanmöbeln niederlassen, mit Öl oder Margarine kochen. Immerhin sind zwei der ältesten Nutzpflanzen der Menschheit Palmen: *Cocos nucifera* (Kokospalme) und *Phoenix* (Dattelpalme).

Der Überblick zeigt, wofür man welche Palmenarten nutzt. Verwendet werden

zur Ölherstellung: Ölpalme, Pfirsichpalme, Kokospalme, Acrocomia, Arecastrum;

als Genußmittel und alkoholisches Getränk: Betelpalme, Palmyrapalme, Zuckerpalme, Fischschwanzpalme, Kokospalme, Nipapalme, Dattelpalme, Weinpalme;

zur Zuckergewinnung: Zuckerpalme, Fischschwanzpalme, Honigpalme;

zur Herstellung von Knöpfen, Rosenkränzen, Spazierstöcken: Bahia-Piassavepalme, Schopfpalme, Strahlenpalme;

zur Herstellung von Speisen und Getränken: Pfirsichpalme, Assaipalme, Kohlpalme, Palmyrapalme, Kokospalme, Karnaubapalme, Erytheapalme, Dumpalme, Honigpalme, Nipapalme, Dattelpalme;

für Möbel- und Hausbau: Rotangpalme (Rattan), Kokospalme, Faßpalme, Karnaubapalme, Schopfpalme, Nipapalme, Dumpalme, Dattelpalme;

zur Herstellung von Hausrat: Palmyrapalme, Rotangpalme, Dattelpalme, Fischschwanzpalme, Hanfpalme, Kokospalme, Bastpalme;

zur Herstellung von Kerzen und Kosmetikartikeln: Karnaubapalme, Wachspalme, Ölpalme;

als Arzneimittel gegen Harnleiden: Sägepalme.

Blattstiele mit Stacheln sind bei Palmen selten.

Palmen-Superlative

Größte Palme: *Ceroxylon quinduense* (Wachspalme) mit 60 m Höhe.

Kleinste: *Reinhardtia gracilis* mit knapp 50 cm Höhe.

Blütenreichste: *Corypha umbraculifera* (Talipotpalme) mit etwa 100 000 Einzelblüten.

Längste: *Calamus daemonorops*, Kletterpalme mit über 400 m.

Nützlichste: *Cocos nucifera* (Kokospalme).

Härteste: *Trachycarpus fortunei* (Hanfpalme) verträgt bis −25°C.

Artenreichste: *Calamus* (Rotangpalme) mit 340 Arten.

Großblättrigste: *Raphia taedigera* mit 20 m langen und 12 cm breiten Blättern.

Palme, die am ältesten wird: *Lodoicea* (Seychellennußpalme) 600 bis 1000 Jahre.

Palme, die am schnellsten wächst: *Calamus* (Rotangpalme).

Palme, die am langsamsten wächst: *Jubaea* (Honigpalme).

Palmen, die statische Wunder sind: *Ceroxylon* (Wachspalme), 60 m Höhe bei nur 1 bis 2 m Stammumfang, *Erythea edulis* (Guadeloupepalme) 17 m Höhe bei nur 40 cm Dicke.

Palme mit den größten Früchten: *Lodoicea* (Seychellennußpalme) mit 40 cm breiten und bis zu 30 Kilo schweren Früchten.

Übrigens: Die größte Palmensensation der Welt ist im Tropicarium des Frankfurter Palmengartens ausgestellt. Es handelt sich um ein 65 Millionen Jahre altes, als Versteinerung erhaltenes Palmenblatt, das noch aussieht wie frisch gepreßt und in Wyoming/USA gefunden wurde.

Palmengeschichte

Seit Anbeginn der Menschheit haben Palmen in Religion, Mythologie und Brauchtum eine große Rolle gespielt. Für die wenigen heute noch lebenden Urvölker gilt die Palme als Baum des Lebens schlechthin.

Die ältesten Palmendarstellungen finden sich wahrscheinlich auf einer phönizischen Silberschale (2700 v. Chr.) und auf der hethitischen Reliefplatte von Karatepe (um 1550 bis 1200 v. Chr.).

Die Assyrer beherrschten bereits die künstliche Bestäubung von Palmen und besaßen sicher schon ertragreiche Plantagen. Dies beweist ein Relief, das früher zum Palast Assurhassai-pals (883 bis 859 v. Chr.) gehörte.

Für Griechen und Römer waren Palmzweige Symbol von Sieg und Stärke. Der griechische Philosoph Aristoteles lobte die Zähigkeit des Palmenholzes, das sich niemals beugt, und sein Landsmann, der Dichter Homer, besang das Wachstum der Palmen. Die Christen betrachten Palmenzweige neben dem Ölbaumzweig als Zeichen des Friedens, aber auch des unbeirrbaren Märtyrertums. Die Juden verwenden Palmblätter beim Laubhüttenfest als Schmuck, und orthodoxe Mohammedaner halten die Datteln von Medina für die besten der Welt.

Palmen in Europa

Die erste botanische Darstellung von Palmen findet sich im „Hortus Indicus Malabaricus", dem zwölfbändigen Werk eines Holländers, das von 1678 bis 1703 erschien. Etwa um die gleiche Zeit brachten seereisende Botaniker, Abenteurer und Angestellte großer Handelshäuser die ersten lebenden Palmen in die europäischen Metropolen. Von nun an wetteiferten Aristokraten miteinander um die besten Palmensammlungen und kamen natürlich nicht umhin, den tropischen Juwelen beheizte Glashäuser zu bauen.

Die ganz große Zeit der Palmen und Glashäuser begann, als im 19. Jahrhundert die Zentralheizung erfunden wurde. In der bekannten Gärtnerei von Conrad Loddiges in Hackney bei London konnte der Käufer um 1830 bereits unter 150 bis 170 verschiedenen Palmenarten wählen! Die Palme wurde zu einem Sinnbild für die Sehnsucht nach glücklichen Ländern. Dr. Martius, Direktor des Botanischen Gartens Nymphenburg, schrieb damals begeistert über diese Pflanzen: „Palmen, der edle Sproß von Terra und Phoebus, sind Bewohner der glücklichen Länder der Tropen, wo die Strahlen des letzteren immer scheinen." Das Palmenhaus auf der Pfaueninsel von Berlin verkankt seine Entstehung der Palmenkollektion des Franzosen Foulchiron, und das um 1869 erbaute Palmenhaus des Frankfurter Palmengartens geht auf die Sammlung des Herzogs von Nassau zurück. Nach dem Adel ließ sich auch das reiche Bürgertum Wintergärten mit Palmen und anderen exotischen Pflanzen einrichten. Um die Jahrhundertwende, in der Belle Epoque, gab es keinen wirklich schicken Salon ohne Palmen. Um 1900 war das Palmenangebot entsprechend reichhaltig. Danach wurde es still um diese dekorativen Grünpflanzen.

Heute befinden wir uns in einer neuen „Ära" der privaten Wintergärten, Solarhäuser und Glasveranden, und die Palmen erleben ein rauschendes Comeback.

Blick ins Tropicarium des Frankfurter Palmengartens.

Ratschläge für den Palmenkauf

Machen Sie den Kauf einer Palme in erster Linie vom Standort abhängig, den Sie ihr bieten können. Damit ersparen Sie sich Enttäuschungen und Kosten. Es hat wenig Zweck, sperrige Arten wie Phoenix (Dattelpalme) oder Washingtonia in eine enge Stadtwohnung, auf einen kleinen Balkon oder gar auf die Fensterbank zu stellen. Es lohnt sich auch nicht, einen ungeheizten Wintergarten mit tropischen Palmen zu bestücken.

Auf den Standort kommt es an

Viele Palmen werden heute zwar in den Großgärtnereien akklimatisiert, und sie vertragen so auch weniger günstige Klima- und Lichtverhältnisse. Dennoch: Je besser Sie die Bedürfnisse ihrer Palmen erfüllen, um so sichtbar wohler werden diese sich fühlen. Genaue Auskünfte über die Bedürfnisse und Pflege der einzelnen Arten finden Sie auf den Seiten 42 bis 59.

Spezielle Tips für den Standort
Auf Terrassen oder in Wintergärten, die voll nach Süden gehen, herrschen im Sommer beziehungsweise im Winter mittags erhebliche Hitzegrade, die nur folgende Palmen vertragen: *Phoenix canariensis* (Kanarische Dattelpalme, → Seite 52), *Phoenix dactylifera* (Echte Dattelpalme, → Seite 52), *Washingtonia* (Washingtonie, → Seite 57), *Chamaerops* (Zwergpalme, → Seite 46).
Ungeheizte Wintergärten sind in kalten Wintern oft nur gerade eben frostfrei. Folgende Palmen können dort frei ausgepflanzt werden: *Bra-hea* (Blaue Palme), *Chamaerops* (Zwergpalme, → Seite 46), *Trachycarpus* (Hanfpalme →, Seite 56).

Was Sie von Palmen erwarten können

Palmen sind keine Wegwerfpflanzen. Viele Arten zeichnen sich durch besondere Langlebigkeit aus, und man kann sie noch seinen Kindern und Enkeln vererben. Die wohl ältesten Exemplare eines Hobbygärtners sah ich bei Gustave Debus in Straßburg. Seine Hanfpalmen im Kübel haben bereits über vierzig Sommer erlebt und sind fast so hoch wie sein Haus. Sie blühen jedes Jahr und waren sogar schon Fernsehstars.

Palmen, die bei Ihnen alt werden können
Am leichtesten hat es der Palmenfreund mit Arten, die am Mittelmeer und in den Subtropen beheimatet sind, zum Beispiel:
• *Chamaerops* (Zwergpalme, → Seite 46),
• *Rhapis* (Steckenpalme, → Seite 54),
• *Phoenix* (Dattelpalme, → Seite 52),
• *Trachycarpus* (Hanfpalme, → Seite 56),
• *Washingtonia* (Washingtonie, → Seite 57).
Tropenkinder aus feuchtwarmen Regenwäldern oder Palmen, die ohne Meeresklima nicht lange leben können, erfordern entsprechend klimatisierte Standorte. Ihnen macht vor allem unser lichtarmer und heizungsintensiver Winter mit trockener Zimmerluft zu schaffen.

Wie groß werden Palmen?
Das hängt von Art und individueller Wachstumsgeschwindigkeit ab. Optimale Standorte und richtige Düngung können das Wachstum beschleunigen. Glücklicherweise setzt das beschränkte Erdvolumen in Töpfen oder Kübeln dem Wachstum Grenzen. Immerhin handelt es sich bei vielen Palmen um Bäume, die in ihrer Heimat „in den Himmel wachsen". Palmen lassen sich schlecht einkürzen. Aber es dauert ja eine ganze Weile, bis eine großwüchsige Palme so stattlich geworden ist, daß es Platzprobleme gibt. Und für zu groß gewordene Palmen findet sich meist ein Abnehmer (→ Palmenbörse, Seite 15).

Können Sie auf Blüten hoffen?
Auch dies ist abhängig von der Art, von der jährlichen Lichtmenge, die den Blütentrieb beeinflußt, von der Ernährung und dem Standort. Es gibt Palmen, die schon nach 2 bis 3 Jahren erstmals blühen, wie die Chamaedorea (Bergpalme, → Seite 45), andere benötigen zur Blühreife 30 Jahre.
Sicher ist: Wenn das Umfeld stimmt, tragen alle irgendwann einmal Blüten. Dafür sorgt schon der von Natur aus vorhandene Selbsterhaltungstrieb. Und das richtige Umfeld schaffen Sie mit dem geeigneten Standort und der Pflege.

Zum Verwechseln ähnlich.
Die bekanntesten Palmen für kühle Räume sind als junge wie als erwachsene Pflanzen auf den ersten Blick kaum auseinander zu halten. Links: Chamaerops humilis (Zwergpalme), Mitte: Livistona australis (Schirmpalme), rechts: Trachycarpus fortunei (Hanfpalme).

Tips für den Kauf

Einkaufsquellen: Im Gartencenter, Supermarkt, Blumenladen, in der Zierpflanzengärtnerei, ja sogar im Möbelgeschäft und Versandhaus bekommt man heute Palmen. Wer spezielle Arten sucht (→ Palmen, die sich den Markt noch erobern wollen, Seite 15), muß sich an eine Spezialgärtnerei wenden (Adressen → Seite 60).

Jahreszeit: Da Palmen an keine Saison gebunden sind, kann man sie das ganze Jahr über beziehen. Allerdings, Versandgärtnereien verschicken wegen der Frostgefahr im Herbst und Winter nicht gerne die kälteempfindlichen Palmen. Palmen für Balkon und Terrasse sollten Sie nur zwischen Mai und September kaufen. Im Herbst und Winter vertragen sie einen Standortwechsel schlecht. Zimmerpalmen dagegen können Sie jederzeit im Geschäft kaufen. Achten Sie im Winter nur darauf, daß sie keinen Frost bekommen. Zum Transportieren dick in Zeitungen einwickeln lassen, das isoliert am besten.

Mein Tip: Beim Transport großer Palmen vorher die Wedel zusammenbinden und den Kübel in einen Plastiksack stecken. Den Sack zubinden, damit bei einem eventuellen Umkippen die Erde nicht herausfallen kann.

Preise: Wie teuer Palmen sind, ist schwer zu sagen. Die Preise hängen von vielen Faktoren ab, nämlich von
• der Seltenheit oder Häufigkeit einer Art,
• der Kultur im Erwerbsgartenbau (es gibt Palmen, deren Anzucht viel Geld und Zeit kostet),
• der Größe bzw. vom Alter,
• der Anzahl der Pflanzen, die im Topf oder Kübel zusammen stehen (der Größe des Tuffs),
• der „Produktionsmenge".

Woran Sie gesunde Palmen erkennen

• Am schönen Wuchs und harmonischen Aufbau der Palme,
• am fleckenlosen Laub, das je nach Art hell-, satt- oder blaugrün aussieht,
• an einer reichlichen Blattbildung (es sollten schon neue Blattspieße zu sehen sein).

Verletzungsgefahr – ein wichtiger Hinweis

An einigen Palmen kann man sich schwer verletzen! *Chamaerops* (Zwergpalme, → Seite 46), *Washingtonia* (→ Seite 57) und *Livistona* (→ Seite 50) tragen bedornte Blattstiele, an denen man sich schlimme Wunden reißen kann. Die (nicht zur Palmenfamilie gehörende) *Yucca aloifolia* (→ Seite 59) wird im englischen Sprachraum nicht ohne Grund „Spanish Bayonet" (spanisches Bajonett) genannt. Sie besitzt dolchartige Blätter, die in einer langen scharfen Spitze auslaufen.

Warnung: Wer kleine Kinder oder wenig Platz hat, sollte auf diese Pflanzen verzichten. Auf jeden Fall gilt: Plazieren Sie diese Arten in der Wohnung, auf Balkon oder Terrasse so, daß sich keiner daran verletzen kann. Im Garten sollten sie nicht an Wegen oder in der Nähe von Spielplätzen stehen.

Die Sache mit den Namen

Palmen tragen verschiedene Namen:
• Botanische, die international gültig sind und von Gärtnern in der ganzen Welt verstanden werden,
• deutsche, zum Beispiel Hanfpalme,
• volkstümliche, zum Beispiel Petticoatpalme,
• verdeutschte botanische Namen, zum Beispiel Washingtonie.
Für eine Reihe von Palmen gibt es bis heute keine deutschen Bezeichnungen. Häufig werden Palmen auch noch unter veralteten Namen angeboten, so *Chrysalidocarpus lutescens* (Goldfruchtpalme) unter *Areca lutescens* beziehungsweise Arecapalme.
In der botanischen Fachsprache wird mit der ersten Bezeichnung die Gattung angegeben, zum Beispiel *Chrysalidocarpus,* und mit der zweiten die Art: *lutescens.* In den meisten Fällen kommt der Palmenliebhaber beim Kauf mit deutschen Namen aus. Bei Arten und Gattungen, die noch keinen deutschen Namen tragen, nennt man den botanischen, zum Beispiel *Archontophoenix cunninghamiana.*
In den Pflegeanleitungen (→ Seite 42 bis Seite 59) finden Sie alle geläufigen Namen für jede dort beschriebene Palmenart.

Washingtonia
Im geräumigen Wintergarten kann sie sich optimal entfalten.

Palmen als Urlaubs-
mitbringsel

Wer sich Palmen aus Ferienländern mitbringt, braucht von der ausländischen Gärtnerei ein Gesundheitszeugnis. Andernfalls wird seine Pflanze unter Umständen an der Grenze zurückgehalten. Seit 30 Jahren existiert ein weltweit funktionierendes Pflanzenschutzabkommen, das den Versand und Austausch von Pflanzen streng kontrolliert, um das Verschleppen von Krankheiten und Schädlingen zu verhindern. Daher sind importierte Palmen, die Sie hier kaufen, auch kontrolliert und gesund. Samen sind übrigens erst ab 2 Kilo pflanzenbeschaupflichtig, wie's im Amtsdeutsch heißt.

„Palmenbörse"

Je größer und älter eine Palme wird, um so mehr steigt ihr Wert. Wer seine Pflanze aus Platzgründen loswerden möchte, muß sie nicht herschenken. Geben Sie eine Anzeige in der Tageszeitung oder in der „Börse" einer Gartenfachzeitschrift auf. Meist findet sich ein Liebhaber. Und falls Sie selbst eine große Palme kaufen möchten, lohnt sich oft ein Blick in Zeitung oder Zeitschrift.

Palmen, die den Markt noch erobern wollen

Die Erwerbsgärtner suchen ständig nach neuen Arten, um das Sortiment zu erweitern. Folgende Palmen sind in Spezialbetrieben schon erhältlich oder können auf Wunsch bestellt werden (→ Bezugsquellen, Seite 60):

◁ *Blüten der Hanfpalme.*
Wenn Hanfpalmen ein gewisses Alter erreicht haben, blühen sie jedes Jahr.

Die Nikanpalme (Rhopalostylis baueri) stammt aus Neuseeland.

Palmen für Terrassen und kühle Wintergärten

● *Veitchia merrillii.* Kalthauspalme aus Florida.
Pflege: wie *Livistona* (→ Seite 50).
● *Brahea armata (Erythea armata).* Langsam wachsende Art mit silberblauen, fast kreisrunden Blättern.
Pflege: wie *Washingtonia* (→ Seite 57). Verträgt Trockenheit.
● *Butia capitata* (Geleepalme). Dickstämmige, niedrige Art mit gebogenen blaugrünen Blättern.
Pflege: wie *Washingtonia* (→ Seite 57).
● *Jubaea* (Honigpalme). Langsam wachsende Art mit auffällig gemustertem Stamm.
Pflege: wie *Phoenix canariensis* (→ Seite 52).
● *Arecastrum romanzoffianum* (oder *Cocos plumosa*). Besitzt hellgrüne Fiederblätter, die in Fünferbüscheln stehen. Solitär für Winter-

gärten. Braucht auf der Terrasse Windschutz.
Pflege: wie *Phoenix canariensis* (→ Seite 52).
● *Ptychosperma macarthurii.* Kalthauspalme aus Neuguinea. Für schattige, warme Plätze.
Pflege: wie *Howeia* (→ Seite 49).

Palmen für Innenräume:

● *Elaeis guineensis* (Ölpalme). Fiederpalme mit faserig-dornigen Stielen.
Pflege: wie *Caryota* (→ Seite 44).
● *Licuala grandis* (Strahlenpalme). Großblättrige, auffällige Art für feuchtwarme Gewächshäuser oder Wintergärten.
Pflege: wie *Microcoelum,* aber heller stellen (→ Seite 51).
● *Hyophorbe verschaffeltii* (oder *Mascarena verschaffeltii*). Tropische Fiederpalme.
Pflege: wie *Caryota* (→ Seite 44).

15

Palmenpflege leicht gemacht

Wenn man die wichtigsten Lebenselemente der Palmen und ein paar kleine Kniffe kennt, ist Palmenpflege ein Kinderspiel. Wichtig ist, daß die wärmeliebenden Arten ganzjährig in der Wohnung bleiben, während die sogenannten Kalthauspalmen besser gedeihen, wenn Sie ihnen ab Mai einen Sonnenplatz im Garten, auf der Terrasse oder dem Balkon anbieten. Palmen haben nur eine Achillesferse: Ihre empfindlichen Wurzeln.

Umtopfen nach dem Kauf?

Besser nicht. Palmen sollten Sie nur umtopfen, wenn es unbedingt nötig ist (→ Seite 22).
Das meist nicht sehr attraktive Pflanzgefäß, in dem Sie die Palme gekauft haben, »verstecken« Sie einfach in einem hübschen Übertopf, bis es Zeit ist zum Umtopfen (→ Seite 22).
Wichtig für das Gedeihen der Palme ist, daß der Standort stimmt und daß sie von Anfang an gut gepflegt wird.

Lebenselixier Licht

Licht ist das Brot aller Pflanzen. Es hält den Vorgang der Photosynthese in Gang, bei der die Pflanze in ihren grünen Pflanzenteilen aus Kohlendioxid und Wasser Kohlenhydrate herstellt, aus denen sie sich selbst aufbaut. Ohne Licht ist Wachstum nicht möglich.
Alle Palmen stehen an einem hellen, nicht vollsonnigen Platz optimal. Nur – solche Logenplätze sind in einer normalen Wohnung knapp. Es sei denn, man ist glücklicher Besitzer eines Wintergartens oder

wohnt in einem Haus mit Glasfassaden.
Für den Palmenfreund ist es vielleicht beruhigend zu wissen, daß auch die Natur nicht nur Sonnenplätze zu vergeben hatte. Viele Palmen haben sich im Lauf der Evolution, ihrer allmählichen Entwicklung über Jahrtausende, an ein Schattendasein anpassen müssen und gedeihen trotzdem.

Lichtbedarf und geeignete Standorte in der Wohnung

Die folgende Übersicht zeigt, wieviel Licht die verschiedenen Palmenarten benötigen und an welchem Standort die nötigen Lichtwerte (gemessen in Lux = Maßeinheit für Lichtstärke) erreichbar sind (wie Sie Licht messen, → rechts).
Wenig Licht (um 500 bis 1000 Lux) vertragen:
Howeia (Kentiapalme, → Seite 49),
Rhapis (Steckenpalme, → Seite 54),
Chamaedorea (Bergpalme, → Seite 45).
Geeignete Standorte: Nordfenster, Nähe Ostfenster, Zimmermitte.
Mittleren Lichtbedarf (1000 bis 2000 Lux) haben:

Trachycarpus (Hanfpalme, → Seite 56),
Phoenix roebelenii (Zwergdattelpalme, → Seite 53),
Microcoelum (Kokospälmchen, → Seite 51),
Archontophoenix cunninghamiana (→ Seite 42),
Geeignete Standorte: Ost- und Westfenster, Nähe Südfenster.
Viel Licht (2000 bis 3000 Lux) brauchen:
Washingtonia (Petticoatpalme, → Seite 57),
Phoenix canariensis (Kanarische Dattelpalme, → Seite 52), Ⓢ
Chamaerops (Zwergpalme, → Seite 46), Ⓢ
Cocos (Kokospalme, → Seite 48),
Livistona (Livistonie, → Seite 50),
Areca (Betelnußpalme, → Seite 43),
Caryota (Fischschwanzpalme, → Seite 44).
Geeignete Standorte: Südfenster, Südwestfenster, Ostfenster ohne Vorhänge.
Wichtig: Die mit Ⓢ gekennzeichneten Palmen vertragen ganztags volle Sonne (auch im Sommerquartier draußen). Die anderen müssen Sie mit Hilfe von Markisen, Rolladen, Jalousien oder Vorhängen von 11 bis 16 Uhr schattieren.
Übrigens: Je höher die Luftfeuchte ist, um so mehr Sonne kann eine Palme ertragen.

Wie Sie das Licht messen:

Am genauesten mit einem Luxmeter (Fachhandel). Wer sich mit Fotogeräten auskennt, kann auch mit einem gesonderten Belichtungsmesser ziemlich gute Ergebnisse bekommen. Er muß dann nur eine Diffusorkalotte vor die Meßöffnung des Belichtungsmessers schieben und 18 DIN. Filmempfindlichkeit und 1/30 Sek. einstellen. Die unterschiedlichen Blenden ergeben dann folgende Lichtwerte:

Blende	Lichtwert
	erreichbar in der Wohnung
1,4	360 Lux
2,8	1450 Lux
4,0	2900 Lux
	erreichbar im Wintergarten
5,6	5700 Lux
8,0	11500 Lux
	erreichbar im Freien
11,0	23000 Lux
16,0	45000 Lux
22,0	90000 Lux

Kunstlicht macht jeden Standort möglich

Sonne aus der Steckdose ist *die* Lösung für Leute, die Palmen gern dort plazieren möchten, wo sie besonders dekorativ aussehen, es aber viel zu dunkel ist. Im Fachhandel (Gartencenter, Elektrogeschäfte) gibt es ein breites Sortiment an Pflanzenleuchten. Ein schönes Design haben Quecksilber-Hochdrucklampen. Die Installation ist relativ einfach. Wie hoch eine solche Lampe hängen muß, hängt von der Höhe und Breite der Pflanzen beziehungsweise der Pflanzengesellschaft ab. Normalerweise reicht der Lichtkegel einer Lampe für eine einzelne Palme aus.

Mein Tip: Setzen Sie die Pflanzenleuchte auch ein, wenn Sie an heißen Sommertagen die Roll- oder Fensterläden stundenweise schließen.

Cyrtostachys renda.
Die in Indonesien beheimatete Siegellack- oder Rotstielpalme hebt sich durch ihre feuerroten Blattstiele vom üblichen Grün-in-Grün der Palmen ab.

Gießen mit Fingerspitzengefühl

Am Gießen erkennt man den Gärtner, heißt eine alte Weisheit, die nur zu wahr ist. Es gibt allerdings kein Patentrezept dafür, aber eine gute Faustregel: lieber einmal zuwenig als einmal zuviel gießen. Bei zuwenig Wasser erholt sich die Palme nach dem Gießen rasch wieder. Zuviel Wasser aber drückt den Sauerstoff aus der Erde, die feinen Faserwürzelchen ersticken und sterben ab.

Wann Sie gießen müssen

Es gibt einige Anzeichen, die man beachten sollte. Zeit zum Gießen ist, wenn
- die Erde heller als normal ist,
- die Erde sich trocken anfühlt, wenn man den Finger gut einen Zentimeter am Topfrand hineinsteckt,
- der Wurzelballen sich vom Topfrand löst,
- die Palme die Wedel oder Fächer sinken läßt.

Einfache Wasserversorgung.
Ein zusammengefalteter Streifen aus Vliesstoff saugt bei Bedarf Wasser aus dem Vorratsgefäß.

Die richtige Wassermenge

Ob Sie viel oder wenig Wasser geben, hängt von Zustand und Größe des Topfballens und von Umweltfaktoren ab. Nicht zu empfehlen ist zaghaftes und häufiges Gießen. Kleine Wassermengen durchdringen die Erde nicht genügend, so daß gerade um feine Wurzeln trokkene Zonen entstehen. Ich gebe meinen Palmen immer viel Wasser auf einmal und schütte das Wasser, das sich im Untersatz gesammelt hat, nach einer halben Stunde weg. Bei Palmen, die Fußbäder mögen, lasse ich etwas Wasser im Untersatz stehen, zum Beispiel bei
- *Microcoelum* (Kokospälmchen, → Seite 51),
- *Caryota* (Fischschwanzpalme, → Seite 44),
- *Chrysalidocapus* (Goldfruchtpalme, → Seite 47).

<u>Wichtig:</u> Bei Fußbädern darf die Pflanze nie kalte Füße bekommen! Meine Palmen, die im kühlen und hellen Hausflur stehen, erhalten im Winter eine Styroporplatte als Unterlage. Noch besser sind eine Wärmeunterlage oder ein beheizter Kübel (Bezugsquellen, → Seite 60).

Außerdem: Alle wärmeliebenden Palmen mögen die Fußbodenheizung!

<u>Weitere Gießregeln:</u> Die Wassermenge ist aber noch von anderen Faktoren abhängig.

<u>Mehr gießen</u> müssen Sie bei
- trockener und warmer Luft,
- viel Licht und Sonne,
- lehmigen und torfigen Substraten,
- großen Palmen,
- Palmen in Tontöpfen,
- Palmen, die von Haus aus feucht stehen,
- Palmen, die durch Bildung neuer Wedel zeigen, daß sie wachsen.

<u>Weniger gießen</u> sollten Sie bei
- feuchter Luft,
- Lichtmangel,
- niedrigen Temperaturen,
- lichtarmen Standorten,
- sandigen oder kiesigen Substraten,
- Palmen in Kunststofftöpfen,
- Palmen, die von Haus aus Trockenperioden gewöhnt sind.

<u>Übrigens:</u> Anfängern bietet die Industrie Feuchtigkeitsmesser an. Sie sind vielleicht hilfreich, berücksichtigen aber kaum die Eigenschaften der Palmenerde. Es geht beim Gießen einfach nichts über Fingerspitzengefühl und Routine.

Von oben oder von unten gießen?

Gießen Sie Palmen lieber von oben. Gießt man von unten, wird das Wasser mit den Nährsalzen schnell nach oben gezogen. Die feinen Wurzeln im unteren Bereich des Topfes gehen leer aus. Außerdem lagern sich an der Erdoberfläche überschüssige Salze aus Gießwasser und Dünger ab. Das sieht häßlich aus und bekommt der Palme nicht gut. Gießt man von oben, sickern Wasser und Nährsalze allmählich nach unten. Die feinen Wurzeln haben Zeit, sich damit zu versorgen.

<u>Wichtig:</u> Nie in das »Herz« einer Palme gießen! Wenn das Wasser dort nicht schnell genug abtrocknen kann, besteht Fäulnisgefahr. Da hier das Wachstumszentrum der Pflanze liegt, kann sie leicht eingehen.

Morgens oder abends gießen?

Im Sommer ist es egal. Im Winter gießen Sie besser morgens, damit die Palme bis zum Abend, wenn die Heizung heruntergedreht wird, wieder abgetrocknet ist. Mittags dürfen vor allem Palmen, die in der vollen Sonne stehen, nie gegossen werden.

Selbstsaugende Dochte mit Sacknadel durch Loch im Topfboden einziehen. Pflanzen mit festen Wurzeln vorher aus dem Topf nehmen, bei nässeempfindlichen Pflanzen Docht durch Trinkhalm ziehen. Dochtschlaufen unten heraushängen lassen, obere Enden auf der Erdoberfläche verteilen und mit etwas Erde abdecken. Schlaufen in den Wasservorrat hängen lassen.

Tauchbad

Wenn die Palme zu lange nicht gegossen worden ist, gönnen Sie ihr ein Tauchbad. Dazu stellt man die Pflanze bis über den Topfrand ins Wasser (Eimer oder Badewanne). Steigen keine Wasserblasen mehr auf, hat der Wurzelballen ausreichend Wasser aufgenommen.

Das richtige Gießwasser

Gießwasser sollte stets lauwarm sein. Weiches, sauberes Regenwasser – heutzutage eine Rarität – ist besser als kaltes, hartes Leitungswasser.

Die Härte von Leitungswasser feststellen

Die Wasserhärte wird in Härtegraden gemessen (Grad deutscher Härte = $°dH$). Weist Ihr Wasser mehr als $15°dH$ auf, so müssen Sie es für Palmen aufbereiten.
Es gibt eine alte Gärtnerregel: Wenn sich nach dem Gießen auf den Blättern Kalkringe bilden, hat das Wasser etwa $10°dH$. Sieht man einen weißgrauen Schleier, ist der Wert höher. Oder: Weiches Wasser läßt Seife mehr schäumen als hartes. Man kann die Härte auch mit Teststäbchen oder flüssigen Indikatoren (Zoohandlung) in Erfahrung

bringen. Oder rufen Sie einfach beim Wasserwerk beziehungsweise bei der Gemeinde an.

Wasser enthärten

Zum Enthärten gibt es verschiedene Möglichkeiten:
• Enthärtungsmittel in Tabletten- oder flüssiger Form. Sie fällen in etwa sechs Stunden Kalk und andere unerwünschte Stoffe aus. Wenn man das Wasser dann vorsichtig abgießt, bleibt der Kalksatz zurück.
• Durch Abkochen läßt sich die Karbonathärte (Kesselstein) entfernen. Nachteil: Das Wasser ist nicht mehr so sauerstoffreich.
• In einer Filtergießkanne, die einen Ionenaustauscher enthält, wird das Wasser von Kalk und Chlor befreit.
• Ionenaustauschdünger (→ Bezugsquellen Hydrobedarf, Seite 60) wechseln hartmachende Substanzen gegen Nährstoffe aus. Probieren Sie aus, mit welcher Methode Sie am besten zurechtkommen (informieren Sie sich im Blumenladen oder Gartencenter).
Wichtig: Wasserenthärter, die mit Kochsalz arbeiten, eignen sich nicht zur Wasseraufbereitung für Palmen und andere Zimmerpflanzen. Und: Zu weiches Wasser (unter $5°dH$) ist für Palmen genauso gesundheitsschädlich wie für den Menschen.

Bewässerung im Urlaub

Es gibt verschiedene Systeme, die alle nach dem gleichen Prinzip der Kapillarwirkung arbeiten (→ Zeichnung, oben und unten).
Wenn das Substrat trocken ist, saugen eingesteckte wasserfühlende Kegel, Dochte, Filzscheiben, Vliesmatten oder Quellhölzer Wasser aus einem Reservoir nach, mit dem sie verbunden sind.
Je größer der Wasservorrat ist, um so länger können Sie Ihre Pflanzen allein lassen. Schauen Sie sich die unterschiedlichen Bewässerungssysteme im Fachhandel genau an und probieren Sie vor Urlaubsbeginn unbedingt aus, ob der Wasservorrat für die geplante Urlaubsdauer ausreicht.

Mein Tip: Gute Erfahrungen habe ich mit einem Bewässerungssystem gemacht, das auf selbstsaugenden Dochten oder Dochtmatten aus unverrottbarer Glasfaser basiert (→ Bezugsquellen, Seite 60, → Zeichnungen oben und unten).

Bewässerungssystem.
Sie brauchen: einen Balkonkasten ohne Löcher, Joghurtbecher als Abstandhalter, eine wasserfeste Platte, eine Dochtmatte. Ideal für Jungpflanzen.

Wachstumsfaktor Luftfeuchte

Obwohl es die Erfindung der Zentralheizung erst möglich gemacht hat, tropische Palmen bei uns zu kultivieren, ist die warme Luft in unseren Wohnungen für sie viel zu trocken. Sie enthält selten mehr als 40 % Luftfeuchte, oft sogar noch weniger. Benötigt werden aber mindestens 60 %, besser noch 70 bis 80 %. Selbst Palmen aus trockenen Halbwüsten fühlen sich bei einer Luftfeuchte von 50 bis 60 % wohler, die nebenbei auch für den Menschen optimal ist.

Was ist relative Luftfeuchte?

Man bezeichnet damit den prozentualen Anteil der Wasserdampfmoleküle in der Luft. 0 % = absolut trocken, 100 % = wasserdampfgesättigter Nebel. Ein für Menschen, Tiere und Pflanzen gleichermaßen angenehmes Raumklima sollte 50 bis 60 % relative Luftfeuchte enthalten.

Warum Luftfeuchte so wichtig ist

Wie Wärme und Licht ist Luftfeuchte ein wichtiger Wachstumsfaktor. Alle Blätter besitzen unzählige Spaltöffnungen, durch die sie ständig Wasser verdunsten. Je trockener die Luft ist, um so höher ist die Transpiration. Bei aufgedrehter Heizung, aber auch bei Sonne, nimmt die Verdunstung in den Blättern zu. Das verdunstete Wasser muß ersetzt werden, es wird von den Wurzeln aus in Sproß und Blätter transportiert. Bei tropischen Palmen, die trockener Luft nicht angepaßt sind, geht das oft zu langsam. Anhaltende Lufttrockenheit kann daher ihrer Gesundheit schaden und sie anfällig für Schädlinge und Krankheiten machen (→ Seite 31).

Verbesserung des Mikroklimas.
Palme in einen viel größeren Übertopf setzen, Zwischenraum mit Blähton oder Torf füllen, diese Füllung ständig feucht halten.

Wie Sie die Luftfeuchte erhöhen

Schaffen Sie größere Verdunstungsflächen. Dies erreicht man durch:
• die Nachbarschaft vieler, vor allem großblättriger Zimmerpflanzen, die reichlich Wasser verdunsten,
• benachbarte Sumpfpflanzen, die ständig im Wasser stehen, zum Beispiel Zypergras,
• Wassergärten im Zimmer,
• ständig feucht gehaltene Schalen mit Blähton, Sand oder Kies, auf die man die Palmentöpfe stellt,
• Fensterbank-Sets mit Gitterböden und Wasserspeicher (→ Bezugsquellen, Seite 60),
• Wasserspiele, Zimmerspringbrunnen, bepflanzte Lavaquellen,
• den Topf im Topf (→ Zeichnung oben).

Mein Tip: Für Ihren Wintergarten oder Ihr Gewächshaus sollten Sie sich einen speziellen elektrischen Luftbefeuchter anschaffen.

Was bringt Sprühen?

Bei Arten mit einer »dicken Haut« so gut wie gar nichts. Da die Haut als Verdunstungsschutz funktioniert, durch die keine Feuchte austreten soll, kann auch keine Feuchte eindringen. Die aus Wüstenregionen stammende Dattelpalme zum Beispiel transpiriert nicht den ganzen Tag. Sie macht bereits vormittags ihre Spaltöffnungen dicht. Mit einem ähnlichen Schutzmechanismus sind die Blätter der Kokospalme ausgestattet, die ständig austrocknenden Winden ausgesetzt ist. Palmen aus tropischen Regenwäldern sind dagegen permanente Feuchte gewöhnt und dankbar für tägliches Sprühen.

Mein Tip: Stellen Sie Palmen aus tropischen Regenwäldern im Sommer einmal in einen warmen Regen. Sie atmen geradezu auf!

Vertragen Palmen trockene Luft?

Sie können Ihrer Palme ansehen, ob sie trockene Luft verträgt. Besitzt sie weiche und zierliche Fieder, braucht sie meist mehr Luftfeuchte. Ist sie mit festen, rauhen Blättern ausgestattet, kommt sie mit trockener Luft schon eher klar. Großblättrige Fächerpalmen verdunsten in der Regel mehr Wasser als filigranzarte Fiederpalmen.

Düngen, aber mit Maß

Alle Pflanzen, die in Töpfen und Kübeln stehen, müssen gedüngt werden. Im begrenzten Erdraum sind die Nährstoffe schnell verbraucht. Das gilt auch für Palmen, sie sind allerdings nicht als »große Fresser« bekannt, wie beispielsweise Oleander oder Datura, wachsen aber mit regelmäßigen Düngergaben schneller. Wenn man sie hochpäppelt und in immer größere Töpfe setzt, haben einige unter ihnen in einigen Jahren die Zimmerdecke erreicht. Nur – was dann? Palmen lassen sich nicht gut zurückschneiden.

Wer also verhindern möchte, daß seine Palmen sich auf ihren genetisch festgelegten Baumwuchs besinnen, düngt sehr sparsam. Deshalb geht keine Palme ein.

Volldünger

Viele Palmen wachsen von Haus aus in mineralischen Böden, in Sand, auf Serpentingestein (Magnesiumsilikat), in verwitterten Lateritböden (roter Bodentyp der Tropen, angereichert mit Tonerde und Eisenoxidhydrat) und auf Kalkfelsen.

Gut geeignet ist nach meinen Erfahrungen für in Erde gepflanzte Palmen ein mineralischer Volldünger in Pulver- oder flüssiger Form. Nehmen Sie aber immer nur ein Drittel der auf der Gebrauchsanweisung angegebenen Düngermenge für die angegebene Litermenge Wasser! Gut eignen sich auch Hydrodünger, Langzeitdünger, Düngestäbchen, Tonalin (bei Grolit-Kultur, → Seite 27).

Organische Dünger

Organische Dünger wie Brennesseljauche, Blutmehl, Hornspäne oder Guano schaden den Palmen sicher nicht. Man muß jedoch bedenken, daß organische Nährstoffe von der Pflanze erst umgewandelt werden müssen. Das aber geht durch das stark reduzierte Bodenleben in einem Topf oder Kübel sehr langsam vor sich, so daß die Pflanze oft viel zu spät an die Aufbaustoffe kommt. Am meisten „Futter" braucht sie von April bis August, in der Hauptwachstumszeit.

Mediterrane Palmen stehen ab Mitte Mai am besten im Freien.

21

Schachtelhalmtee

Gut getan hat meinen Palmen draußen wie drinnen Schachtelhalmtee. Vielleicht liegt es an der darin enthaltenen gelösten Kieselsäure, die mineralisch ist und das Gewebe stärkt.

Die Zubereitung ist ganz einfach: 1 Teelöffel getrockneten Schachtelhalm (Zinnkraut) mit ½ l Wasser überbrühen, 10 Minuten ziehen lassen, absieben. Nach dem Abkühlen mit der gleichen Menge Wasser verdünnen.

Es gibt auch schon fertigen Schachtelhalmextrakt, der nur noch verdünnt werden muß.

Wann Sie düngen müssen

Eine Faustregel besagt: Zwischen März und Oktober, weil mit zunehmendem Licht das Pflanzenwachstum beginnt und neue Nährstoffe benötigt werden. Wer seine Palmen aber im Winter mit Licht und Wärme optimal versorgt, sei es durch einen sehr hellen Platz im Wintergarten oder mit einer Pflanzenleuchte, sollte auch im Winter düngen. (Individuelle Angaben zu den einzelnen Palmenarten → Seite 42 bis 59.)

Zehn goldene Düngeregeln

- Lieber öfter und schwächer konzentriert als seltener und stark düngen.
- Nie den Dünger auf einen trockenen Wurzelballen geben. Sonst verbrennen die Wurzeln.
- Nie in praller Sonne düngen. Sonnenbrandgefahr!
- Beim Düngen die Blätter nicht benetzen.
- Nicht ins »Herz« einer Palme düngen (→ Zeichnung oben).
- Im Winter nur düngen, wenn die Palme hell und warm steht.
- Neu gekaufte oder frisch umgetopfte Palmen erst zwei Monate später erstmals düngen.

Das „Herz" einer Palme.
Der Querschnitt zeigt den zwiebelartig verdickten Sproß einer jungen Fiederpalme. In der Mitte sitzt der empfindliche Vegetationskegel, aus dem neue Triebe hervorgehen.

- Düngestäbchen an den Topfrand stecken, um Wurzelhalsschäden zu vermeiden.
- Langzeitdünger und -granulate beim Umtopfen in die Erde einarbeiten.
- Die Häufigkeit der Düngung dem individuellen Wachstumsrhythmus der Palme anpassen.
Wichtig: Das Durchspülen des Substrats. Da Palmen seltener als andere Zimmerpflanzen umgetopft werden, empfiehlt sich dies einmal jährlich.
So wird's gemacht: Palme in die Badewanne stellen. Normales Leitungswasser ganz langsam durch das Substrat rinnen lassen – mindestens die dreifache Menge des Topfvolumens, mehr ist noch besser. Danach ist die Erde frei von überschüssigen und schädigenden Salzen, und man kann erneut düngen. Beste Zeit für diese Wasserkur: das Frühjahr. Sie ist nicht nötig, wenn Sie ohnehin umtopfen müssen.

Umtopfen: Was Sie vorher wissen müssen

Palmen besitzen ein empfindliches Wurzelsystem, vor allem, wenn sie noch jung sind. Man setzt sie daher nur um, wenn es unbedingt nötig ist. Je seltener, desto besser ist es für die Pflanze.

Anzeichen fürs Umtopfen

Zeit zum Umtopfen wird es, wenn
- der Wurzelballen den Topf sprengt,
- der Topfballen sich nach oben schiebt,
- die Erde völlig durchwurzelt ist und sich am Topfboden eine Wurzelspirale gebildet hat,
- die Erde schimmelig oder muffig riecht,
- die Erde durch zu hohe Düngergaben und hartes Wasser »versauert« ist,
- die Palme Wurzelschäden hat (→ Seite 31).

Die richtige Jahreszeit

Die beste Zeit sind Spätwinter und Frühling. Sehr alte Palmen können aber auch im Sommer, mitten in der Wachstumsphase, umgetopft werden, hörte ich von einem Palmenliebhaber, der diese Praxis in Südfrankreich kennengelernt hat. Von Ende Juli an aber darf nicht umgetopft werden, da die Pflanze bis zur dunklen Jahreszeit noch Zeit braucht, um neue Wurzeln zu bilden.

Geeignete Erde

Alle Palmen wachsen am besten in einem Gemisch aus Torf, Lehm, Sand und Ton. Enthalten sind diese Bestandteile, die alle eine bestimmte Aufgabe erfüllen, in sogenannter Einheitserde.
Einheitserde besteht zu 60 bis 70 % aus Weißtorf, zu 30 bis 40 % aus Lehm und enthält Styroporflocken (Styromull).

Frühjahrskur für große Palmen. Oberste Erdschicht abkratzen und durch neue Erde ersetzen.

Lehm erhöht die Standfestigkeit der Pflanze (wichtig bei großen Palmen) und ist besonders nahrhaft.
Torf ist humusreich und neutralisiert den Kalkgehalt.
Sand und **Styromull** fördern die Durchlüftung, das Wärmehaltungsvermögen des Substrats und verhindern Staunässe.

Andere, handelsübliche Pflanzstoffe (Substrate) sind aber auch gut geeignet. Einige kann man für Palmen durch Zusätze noch verbessern:
• Torfkultursubstrat (TKS) mit ¼ Lehm und ¼ Sand.
• Blumenerde mit ¼ Lehm.

Mein Tip: Ich nehme am liebsten lehmige Gartenerde, vermische sie zu gleichen Teilen mit Torf und Sand und gebe noch eine Handvoll Styromull hinzu.

Passende Töpfe

Weil die Wurzel ihres Vorkeims sehr lang ist, sollten Palmen in hohe, schmale Töpfe gepflanzt werden. Leider bekommt man sie fast

nur über spezielle Versandfirmen (→ Bezugsquellen, Seite 60). Der neue Topf sollte ein bis zwei Nummern größer sein als der alte (Ausnahme: Palmen in Kübeln, → Hinweis, rechts).

Mein Tip: Fragen Sie in einer Baumschule nach Rosen-Containern. Sie sind schmal und hoch, aus schwarzem Kunststoff und ideal für kleine Zimmerpalmen.

Ton- oder Kunststofftopf?

Diese Frage ist schwer zu beantworten. Beide Pflanzgefäße haben Vor- und Nachteile.
Tontöpfe sind luft- und wasserdurchlässig, trocknen aber schneller aus und wiegen viel. Beim Umtopfen löst sich der Wurzelballen nur schwer von der Wand. Neue Tontöpfe müssen vor dem ersten Gebrauch gründlich gewässert werden.
Kunststofftöpfe sind leicht, und man braucht darin gepflanzte Palmen nicht so häufig zu gießen. Beim Umtopfen löst sich der Ballen leicht. Außerdem bekommen sie im Gegensatz zu den Tontöpfen keine grauschmierigen Ablagerungen, dafür erhitzen sie sich aber an Sonnenplätzen noch stärker als Tongefäße.

Schonend umtopfen.

So wird umgetopft

Am besten läuft das Umtopfen, wenn Sie alles griffbereit haben, was Sie dafür benötigen: also Erde, den neuen Topf, ein Holzstäbchen, scharfes Messer, Material für die Dränageschicht und die Gießkanne.
Der erste Schritt: Den Wurzelballen vorsichtig aus dem alten Topf lösen. Notfalls den Topf zu Gunsten heiler Wurzeln opfern. Bei Tontöpfen die Erde vorher anfeuchten, bei Kunststofftöpfen löst sich der Ballen trocken besser.
Der zweite Schritt: Alten Ballen von lockerer Erde und abgestorbenen Wurzeln befreien. Mit einem Holzstäbchen vorsichtig den Filz lockern. Lange Wurzeln eventuell etwas stutzen.
Hinweis: Wer Kübelpalmen aus Platzgründen ins alte Gefäß zurück setzen möchte, kürzt mit einem scharfen Messer den Wurzelballen um 5 bis 10cm an den Seiten und um 1 bis 2cm am Boden ein (→ Zeichnung, Seite 26). Messer vorher in Alkohol tauchen. Schnittstellen mit Holzkohlepulver desinfizieren.
Der dritte Schritt: In den neuen Topf eine Dränageschicht aus Styroporabfällen, Topfscherben, Blähton oder Kies geben (→ Zeichnung Sei-

Mit dem Topf leicht auf die Tischkante klopfen, bis sich der Wurzelballen löst. Pflanze vorsichtig herausdrehen. Wurzelfilz etwas auflockern. Wichtig: Die Dränageschicht im neuen Topf, sie verhindert künftig Staunässe, die für Palmen tödlich sein kann.

te 23 unten). Darüber 1 bis 5 cm angefeuchtete Erde geben. Pflanze so hineinstellen, daß der Stammansatz in Höhe des Topfrandes liegt. Drumherum neue Erde einfüllen. Mit einem Holzstab nachschieben und andrücken, damit keine Hohlräume entstehen, die das Einwurzeln erschweren. Zuletzt die Erde mit dem Daumen andrücken, bis ein schöner Gießrand entsteht. Die Palme darf nicht tiefer in der Erde sitzen als im alten Topf!

Der vierte Schritt: Durchdringend gießen. Bis zur Einwurzelung (zu erkennen an der Bildung von Neutrieben) nicht mehr gießen, ab und zu sprühen. Warm und nicht zu hell stellen. Eine untergelegte Wärmematte fördert die Bildung neuer Wurzeln sehr.

Mein Tip: Vor dem Umtopfen bedornter Palmen die Wedel zusammenbinden und einen Plastiksack darüberstülpen. So verletzt man sich nicht so leicht.

Palmen in der Sommerfrische

Grundsätzlich gilt: Palmen nicht vor den Eisheiligen und der Kalten Sophie, also nicht vor Mitte Mai, ins Freie stellen. Nur an günstigen Standorten – in Weinbaugebieten, geschützten Innenhöfen oder Balkonen – darf man es schon im April versuchen. Vorausgesetzt die Palme gehört zu den frostharten Arten, ist schon ein wenig älter und wurde nicht wärmer überwintert als um 5°C. Andernfalls muß man sie erst akklimatisieren (bei Temperaturen von mindestens 5°C stundenweise an einen geschützten Platz stellen). Sonst riskiert man, daß die verweichlichte Pflanze sofort einen Kälte- oder Sonnenschock bekommt. Palmen, die im Winterquartier dunkel gestanden haben, muß man erst langsam ans Licht gewöhnen.

Palmen überwintern

Sobald die ersten Nachtfröste drohen, ist es Zeit, die Palmen hereinzuholen. Sie stehen den Winter über an einem hellen und kühlen Platz bei 4 bis 12°C am besten. Beim Einräumen darauf achten, daß der Wurzelballen nicht zu naß ist. Alte und vertrocknete Blätter entfernen.

Wer nur wenige helle Plätze hat, kann einige Palmenarten auch dunkel überwintern, zum Beispiel in Treppenhäusern, Garagen, Speichern, Scheunen. Geeignet dafür sind:
• *Chamaerops* (Zwergpalme, → Seite 46),
• *Trachycarpus* (Hanfpalme, → Seite 56),
• *Phoenix canariensis* (Kanarische Dattelpalme, → Seite 52).
An dunklen Standorten wird im Winter nur gegossen, wenn der Wurzelballen droht, auszutrocknen. Sonst schaut man alle vier Wochen einmal nach und gießt bei Bedarf.

Wichtig: An frostfreien Tagen muß das Winterquartier gut gelüftet werden. Gestaute Luft begünstigt Schädlinge und Krankheiten.

Palmen draußen überwintern?

Es gibt eine Handvoll Arten, die erstaunlich viel Kälte vertragen. Der *Trachycarpus* (Hanfpalme, → Seite 56) sagt man im allgemeinen eine Frosthärte bis −15°C nach. Im Garten oder in einem Park ausgepflanzt, scheint sie aber weit mehr zu vertragen. Nach dem ungewöhnlich kalten Winter 1984/85 wollte man in einer Stadt im Südwesten Frankreichs schon die wie tot wirkenden Hanfpalmen absägen. Wie gut, daß man den Plan nicht in die Tat umsetzte. Im Sommer trieben die meisten von ihnen wieder munter aus.

Empfindlicher sind Palmen, die in Gefäßen stehen. Obwohl sie auch bei uns bis −15°C vertragen, muß man sie einpacken. Unser Winterwetter ist zu wechselhaft und zu feucht. Wenn das Herz der Palme durch einen Schneeregen naß wird und es darauf Nachtfrost gibt, geht sie ein. Zum Verpacken eignen sich Schilfmatten, Stroh oder Tannenreisig, die noch Luft hindurchlassen. Achtung: Die bis −15°C frosthart gepriesene *Chamaerops* (Zwergpalme, → Seite 46) ist viel empfindlicher, als man annimmt. Ich würde sie über Winter nicht draußen lassen.

Kosmetik für Palmen

Jeder wünscht sich, daß seine grünen Gäste immer tip-top und mit sattgrün glänzenden Wedeln oder Blättern dastehen. Was kann man dafür tun?
• Blätter reinigen. Staub sieht nicht nur häßlich aus, er behindert auch die Atmung. Vor allem während der Heizperiode alle 14 Tage die Palmenwedel mit feuchtem Schwamm oder Wattebausch abwaschen.
• Braune Blattspitzen entfernen. Sie sind bei Palmen übrigens nichts Ungewöhnliches, da ihre Wedel vor dem Entfalten oft fest zusammenkleben und manchmal etwas einreißen. Beim Abschneiden immer einen kleinen braunen Saum lassen, sonst frißt sich die Trockenzone weiter.

Südliches Flair vor der Haustür. ▷
Die Arbeit, die der Transport großer Kübelpalmen vom Winter- ins Sommerquartier und umgekehrt macht, ist vergessen, wenn man sieht, welche Ferienstimmung sie zaubern.

- Ausgediente, verdorrte Wedel entfernen. Wenn man sie immer gleichhoch abschneidet, kann im Lauf der Jahre ein bizarres Stamm-relief entstehen.

Achtung: Während häufiges Sprü-hen mit weichem und temperier-tem Wasser den Palmen im Zimmer behagt, reagieren manche Arten, feinlaubige vor allem, auf Blatt-glanzspray ausgesprochen emp-findlich.

Schönheitskorrektur.
Beim Abschneiden vertrockneter Spitzen immer einen kleinen braunen Saum stehenlassen!

Palmen in Hydrokultur

Palmen entwickeln sich nach neue-sten Erfahrungen in Hydrokultur sehr gut (→ Foto Seite 27).

Voraussetzung: Sie müssen von vornherein in Hydro gezogene Jungpflanzen kaufen und ein Hydrosystem wählen, das die Feuchte perfekt reguliert. Im Fach-handel sind schöne Gefäße mit gesunden Pflanzen erhältlich.

Geeignete Palmen: Palmen, die von Haus aus Fußbäder lieben, scheinen sich in Hydro besonders wohl zu fühlen, zum Beispiel *Microcoelum* (Kokospälmchen, → Seite 51) und *Areca* (Betelnußpalme, → Seite 43). Auf Bundesgartenschauen hat sich gezeigt, daß sich auch noch weitere Palmenarten in Hydro erfolgreich halten lassen, zum Beispiel *Chamaedorea elegans* (Bergpalme, → Seite 45) und *Howeia* (Kentia-palme, → Seite 49).

Die Pflege: Ist einfach. Wasser-stand kontrollieren, bei Bedarf Wasser nachfüllen. Gedüngt wird mit Hydrodünger, mineralischem Flüssigdünger, Hydrokultur-Dauer-dünger oder einem Ionenaus-tauschdünger (Gebrauchsanwei-sung beachten).

Von Erd- auf Hydrokultur umstellen?

Davon rate ich ab. Das empfind-liche Wurzelsystem der Palmen übersteht die Umstellung wahr-scheinlich nicht. Mit der Yucca (die ja keine Palme ist), gelingt es ganz leicht.

So wird's gemacht
- Erdballen der Pflanze durchdrin-gend wässern.
- Pflanze aus dem Topf heben.
- Bei Tontöpfen eventuell alten Topf zerschlagen.
- Erde vorsichtig abschütteln.
- Wurzeln mit beiden Händen um-fassen und in einen Eimer mit war-mem Wasser tauchen.
- Wasser so lange wechseln, bis auch der kleinste Erdkrümel ent-fernt ist.
- Alte oder verfaulte Wurzelpartien abschneiden und in Chinosollösung desinfizieren.
- Pflanze in vorbereiteten Topf mit Blähtonkugeln (Hydrosubstrat) geben.
- Weiches und warmes Wasser in Mantelgefäß oder Hydrotank füllen.
- Pflanze hell, aber nicht sonnig stellen.

Ballenverkleinerung.
Phoenixpalmen haben im Gegen-satz zu anderen Arten ein reges Wurzelwachstum. Bei älteren, gesunden Exemplaren schadet es daher nicht, wenn man ihren Wur-zelballen mit Hilfe eines scharfen Messers verkleinert, damit er wieder in den alten Kübel paßt.

- Wasserstand kontrollieren.
- Für warme Füße sorgen (Wär-memmatte unterlegen). Das fördert die Bewurzelung.
- Erst nach einigen Wochen dün-gen. Ein Ionenaustauscher kann da-gegen sofort ins Wasser gegeben werden.

Hinweis: Bei Hydrokultur dürfen Sie die Palmen in wesentlich größere Töpfe setzen als bei Erdkultur. Man kann so noch andere Pflanzen da-zugeben, üppige Arrangements ge-stalten.

Palmen in Tongranulat

In dem erdfarbenen Tongranulat, das unter dem Namen Grolit 2000 bekanntgeworden ist, gedeihen Palmen prächtig. Die mit Luft aufgeschäumten Tonbrocken sind extrem wasseraufnahmefähig. Sie speichern bis zur Hälfte ihres Eigengewichts an Wasser und geben die Feuchtigkeit dann kontinuierlich an die Umgebung ab.

Einsetzen ins Granulat

Im Gegensatz zur Hydrokultur, wo die Wurzeln vor dem Umstellen völlig sauber sein müssen, bleibt beim Tongranulat der Wurzelballen komplett erhalten. Das Material wirkt hier lediglich als Wasserspender, Wärmespeicher und Drainage. Das Schöne daran: Sie können Palmen direkt in Übertöpfe pflanzen. Wenn man sie in größere Gefäße setzt, vergrößert sich auch automatisch die Verdunstungsfläche. Für Palmen, die Luftfeuchte lieben, ist dies sehr förderlich.

So wird's gemacht
• Die in etwa benötigte Granulatmenge abmessen, indem Sie den alten Topf mit Pflanze in das neue Gefäß stellen und darumherum das Granulat einfüllen. Die abgemessene Menge über Nacht in lauwarmem Wasser einweichen.
• Wasser abschütten und Granulat nochmals durchspülen.
• Wurzelballen der Palme gründlich wässern.
• Etwa ein Drittel des neuen Topfes mit Tongranulat füllen.
• Palme austopfen. Der Ballen soll heil bleiben. Pflanze exakt in die Mitte des neuen Topfes stellen.
• So viel Granulat einfüllen, daß der Wurzelballen eingebettet und bedeckt ist.

Goldfruchtpalme in einem attraktiven Hydrokulturgefäß.

Palmen in Tongranulat düngen

In den ersten Monaten nicht düngen. Die im Granulat enthaltenen Minerale reichen als Dünger aus. Später kann man einen Langzeitdünger (Tonalin, Bezugsquelle → Seite 60) verabreichen. Je nach Größe der Pflanze gibt man 1 bis 3 Eßlöffel voll davon auf das feuchte Tongranulat, und zwar so, daß der feinkörnige Dünger zwischen Erde und Tonsubstrat herabrieselt. Wichtig: Das Tonsubstrat darf die Blattstengel und Stiele nicht berühren. Durch die erhöhte Wasserabgabe kommt es sonst zu Fäulnis. Gleichzeitig dient diese Freizone dazu, mit dem Finger die Feuchte des Wurzelballens zu prüfen. Man wird beim Tongranulat nämlich leicht dazu verleitet, zu früh nachzugießen, wenn die obersten Steine hell aussehen.

Mit Palmen gestalten

Ob als Solitär oder in Gesellschaft anderer Pflanzen, ob in Hydro- oder Erdkultur, in Bonsaischalen, Florentinerkübeln oder Keramikgefäßen: Palmen schaffen überall eine ganz besondere Atmosphäre. Nicht umsonst sind sie die Lieblinge der Innenarchitekten und Stylisten. Palmen liefern stimmungsvolle Backgrounds für Werbefilme und gehören ganz selbstverständlich zu den Requisiten bei Fernsehen und Theater. Inzwischen gibt es in Großstädten sogar wieder einen Verleih-Service für extra große Palmen.

Einzeln oder in Gruppen?

Ob Palmen als Einzelpflanze (Solitär), zu mehreren oder in einer gemischten Pflanzung am schönsten wirken, hängt ganz davon ab, wieviel Platz Sie haben und wie die Palmen aussehen – natürlich ist es auch eine Geschmackssache. Ich meine:
- Besonders bizarre oder sehr große Palmen sollten allein stehen.
- Bei zartblättrigen Palmen kommen die Fieder vor hellen Hintergründen am besten zur Geltung.
- Buschig überhängende Palmen sehen auf Säulen und altmodischen Blumenständern sehr dekorativ aus.
- Wenn Sie große Räume haben, vermittelt eine größere Palmengruppe »Urwaldatmosphäre«. Man muß aber darauf achten, daß die Lichtverhältnisse für alle Palmen stimmen.

Hinweis: Wenn Sie große Kübelpalmen zu einer Gruppe zusammenstellen, sollten Sie sich vorher vergewissern, daß der Fußboden das Gewicht aushält (Hauswirt fragen, im Bauplan nachsehen, notfalls einen Architekten fragen).

Pflanzen, die mit Palmen harmonieren

Bei Zusammenstellungen oder -pflanzungen, sei es im Wintergarten, am Blumenfenster, auf der Terrasse oder im Garten, kommt es vor allem darauf an, daß die Palmen und ihre Nachbarn etwa die gleichen Lebensansprüche haben. Nur so funktioniert die Pflanzengemeinschaft, und es macht die Pflege einfacher.

Nicht gut passen Palmen zu Stauden, in den Gemüsegarten, zu heimischen Koniferen, Blütengehölzen und Immergrünen.

Ausgezeichnete Partner sind Sommerblumen, winterharte Kakteen (Opuntien) und andere Sukkulenten (wasserspeichernde Pflanzen) sowie andere exotische, bei uns nicht winterharte Pflanzen. Dazu einige Beispiele:

Sommerterrasse mit
Phoenix (Dattelpalme), *Chamaerops* (Zwergpalme), *Trachycarpus* (Hanfpalme), *Livistona* (Livistonie), *Yucca aloifolia* (Yucca).
Dazu passen: Agaven, Aloe, Bougainvillea, Pelargonien, Hibiskus, Myrte, Petunien, Lantanen, Bleiwurz, Heliotrop, Strauchmargarite, Mittagsblumenarten, Kakteen, Euphorbien, Dickblattgewächse.

Ganzjährig ungeheizter, aber nicht zu kalter Raum oder Wintergarten mit
Rhapis (Steckenpalme), *Chamaedorea* (Bergpalme), *Howeia* (Kentiapalme).
Dazu passen: Azaleen, Kamelien, Zimmerbambus, Chrysanthemen, Zimmerwein, Asparagus, Zypergras.

Helles und warmes Wohnzimmer mit
Howeia (Kentiapalme), *Areca catechu* (Betelnußpalme), *Cocos nucifera* (Kokospalme).
Dazu passen: Alle grünen und blühenden Pflanzen, die Wärme benötigen.

Warmer und luftfeuchter Raum, Wintergarten, Gewächshaus, Blumenfenster, Vitrine mit
Microcoelum (Kokospälmchen), *Areca catechu* (Betelnußpalme), *Euterpe* (Assaipalme), *Caryota* (Fischschwanzpalme), *Phoenix roebelenii* (Zwergdattelpalme).
Dazu passen: Tropische Orchideen, Bromelien, Tillandsien, Farne, Aeschynanthus, Medinilla, Columnea, Episcia, Buntwurz, Maranten, Begonia-Rex-Hybriden, Kroton und andere exotische Pflanzen.

Darf man Palmen unterpflanzen?

Ja, wenn die Topfoberfläche genügend Platz bietet und der Wurzelballen der Palme beim Einpflanzen des »Bodendeckers« nicht empfindlich gestört wird, kann man niedrigwachsende Pflanzen in denselben Topf setzen. Man nennt das »unterpflanzen«.

Exotische Pflanzengesellschaft. Passende Begleiter für die Dattel- und Kokospalme.

Vorteil: Die Erde trocknet nicht so rasch aus.

Nachteil: Es kann überladen wirken.

Unter Zimmerpalmen kann man Kletterficus, Maranten, Efeutute oder Bubiköpfchen setzen.

Unter Kübelpalmen passen zum Beispiel Lobelien, Alyssum oder Petunien.

Dekorative Töpfe, Übertöpfe, Kübel

Die Auswahl der Töpfe und Übertöpfe ist natürlich Geschmackssache und hängt sehr von der persönlichen Umgebung ab. Mir gefallen Zimmerpalmen am besten in schlichten weißen Übertöpfen aus Keramik, Kunststoff oder Porzellan. Eine einzelne Palme kann aber auch in einem Gefäß aus glänzendem Aluminium oder in einem chinesischen Kübel sehr attraktiv wirken. Immer passend sind – so meine ich – Materialien wie Rattan, Korb oder Holz.

Mein Tip: Bei schweren Palmen, die im Herbst ins Winterquartier geschleppt werden müssen, empfehlen sich leichtgewichtige Kunststoffkübel. Sie sind für drinnen und draußen in verschiedenen Farben und Formen erhältlich.

Ungewöhnliche Gestaltungsmöglichkeiten

Viele Pflanzenfreunde begeistern sich für Bonsai und Minigärten. Für beides sind Palmen nicht sonderlich geeignet.

Palmen als Bonsai

Eigentlich laufen die Gestaltungstechniken der Bonsaikunst dem Wuchsverhalten der Palmen und Palmfarne total entgegen. (Ebensowenig sind mir bis jetzt Yuccas als Baumminis begegnet). Trotzdem:

Bei Rémy Samson (einem Bonsaigärtner in Paris) und im Bonsai-Centrum Hannover sah ich bizarr gewachsene Exemplare von *Rhapis* (Steckenpalme) und *Cycas* (Palmfarn) in Bonsaischalen.

In seinem Bonsai-Buch präsentiert Rémy Samson einen abenteuerlich gewachsenen Palmfarn-Bonsai aus Taiwan, der etwa 90 Jahre alt, 70 cm hoch und allem Anschein nach eine Cristatenform darstellt (Cristate = kammartige genetische Entgleisung einer Pflanze).

Besonders aufregend sieht die *Rhapis* (Steckenpalme, → Seite 54) als Bonsai aus. Da sie Ausläufer bildet, wird sie gern als kleines Wäldchen gestaltet. Um das Längenwachstum zu drosseln, wird der Haupttrieb eingekürzt. Dies darf man aber nur tun, wenn schon neue Seitentriebe zu sehen sind. Alle genannten Pflanzen werden im Gegensatz zu heimischen oder tropischen Gehölzen nicht gedrahtet. Wer sich näher mit der Bonsaitechnik befassen möchte, kann sich in der Fachliteratur informieren.

Palmen in Minigärten

Nach meinen Erfahrungen sind Palmen für eine dauerhafte Bepflanzung von Flaschengärten, Aquarien oder Miniglashäusern wenig geeignet. Man könnte darin allenfalls Jungpflanzen oder Sämlinge eine Weile kultivieren. Die hohe Luftfeuchtigkeit in solchen Behältnissen wäre vielleicht günstig. Eher geeignet sind sogenannte Ferneries, das sind geschlossene Glashäuser. Kleinbleibende Palmenarten wie das *Microcoelum* (Kokospälmchen, → Seite 51) fühlen sich darin wohl. Allerdings sollte das Glashaus mindestens einen Meter hoch sein, damit sich die Palme entfalten kann.

Die Blätter von Licuala grandis haben eine Spannweite von einem Meter.

Schädlinge und Krankheiten

Palmen zählen zu den robusten Zimmerpflanzen. Krank machen sie nur extreme Pflegefehler und falsche Standorte. Obwohl die häufigsten Schäden im Wurzelbereich ihren Ursprung haben, geben die Blätter zuerst Hinweise darauf, daß etwas nicht stimmt. Sind sie schlapp, klebrig, deformiert, verfärbt, vertrocknet, spröde oder von unbekannten Tieren besiedelt, müssen Sie eingreifen.

Was Palmen krank macht

Seit vielen Jahren beantworte ich Leserbriefe zum Thema Zimmergarten. Die meisten kommen im Frühjahr, am Ende der dunklen und heizungsintensiven Saison, auf meinen Schreibtisch. Sie enthalten zum größten Teil befallene oder zerstörte Blätter, steckengebliebene Blüten oder jede Menge Ungeziefer unter Tesastreifen, in Streichholzschachteln oder Tüten. Ganz selten sind kranke Palmenwedel dabei. Ein Zeichen für die Widerstandskraft dieser Pflanzenfamilie. Dennoch: Ganz auszuschließen sind Krankheiten und Schädlingsbefall leider auch bei Palmen nicht.

Die Hauptursache sind Pflegefehler. Sie schwächen die Pflanze und machen sie zum gefundenen Fressen für Pilze und Schädlinge. Aber auch Streß durch Umtopfen oder Standortwechsel kann Palmen schaden, oder ein Klimaschock. An manchen Schädlingsinvasionen oder Infekten ist der Palmenfreund aber völlig schuldlos. Sie kommen von außen. Selbst eine optimal gepflegte Palme kann ihnen zum Opfer fallen.

Die häufigsten Pflegefehler

- zuwenig Licht bei zu warmem Stand,
- zuviel Wasser bei zu niedrigen Temperaturen,
- zuwenig Wasser bei zu hohen Temperaturen,
- zuwenig Luftfeuchte,
- Zugluft,
- kalte Fußböden und Fensterbänke,
- stark dosierter Dünger,
- hartes, kaltes Gießwasser,
- Sonnen für Schattenpalmen,
- Schatten für Sonnenpalmen.

Woran Sie erkennen, daß eine Palme kränkelt

Die eindeutigsten Anzeichen sind Veränderungen im Wuchs, an den Blättern, an den Wurzeln. Oft gibt auch die Erde Hinweis darauf, daß irgend etwas nicht stimmt.

Was die Wurzeln erkennen lassen

Wenn sie stark geschädigt sind, ist die Palme praktisch von der Versorgung abgeschnitten und nicht mehr zu retten. Pflanze zur Kontrolle mit trockenem Wurzelballen vorsichtig aus dem Topf lösen. Wurzelschäden zeigen sich durch

- Wachstumsstop und kümmerlichen Wuchs,
- Braunfärbung der Blattspitzen und -ränder,
- fauligen oder muffigen Geruch des Erdballens,
- totalen Blattfall,
- braun verfärbte, morsche Wurzeln; gesunde sehen hell aus.

Die Bekämpfungsmöglichkeiten

- Chemisch durch Spritzen, Gießen oder Streuen von Insektiziden und Fungiziden (Insekten- und Pilzbekämpfungsmitteln) einschließlich Insektizid-Stäbchen.
- Mechanisch durch Entfernen befallener oder kranker Pflanzenteile und Absammeln der Tiere.
- Biologisch durch natürliche Feinde wie Raubmilben und andere Nutzinsekten (Anwendung, → Seite 35).
- Alternativ durch Kräutertees und -brühen, Seifenlösungen und andere Hausmittel. Dies ist leider nicht immer erfolgreich. Wie es gemacht wird, steht auf Seite 35.

Physiologische Störungen

Sie sind bei Palmen eine der häufigsten Krankheitsursachen. Besonders gefährdet sind Arten aus tropischen Regionen, für die unser Winter oft ein einziger Streß ist. Die Zimmerwärme behagt ihnen zwar gut, aber trockene Heizungsluft und Lichtmangel können ihre Lebensvorgänge empfindlich durcheinanderbringen. Es kann aber auch vorkommen, daß Palmen optimal stehen und aus unerfindlichen Gründen trotzdem kränkeln. Oder:

Pflanzen gleicher Herkunft wachsen beim Nachbarn besser als bei einem selbst. Man steckt in keiner Pflanze drin. Hauptursache für physiologische Schäden sind jedoch Pflegefehler.

Kümmerlicher Wuchs, Mißwuchs
Ursachen: Lichtmangel, nasse Erde bei zu niedriger Luft- und Bodentemperatur, seltener Nährstoffmangel.
Bekämpfung: Standort verbessern. Manchmal hilft Umtopfen. Meist stagnieren die Pflanzen aber völlig im Wachstum und bleiben unansehnlich.

Sonnenbrand.
Verbrennungen kommen bei Kübelpalmen, aber auch bei Zimmerpalmen vor, die zu sonnig stehen.

Sonnenbrand
Symptome: Hellgelbe Blätter, unregelmäßige, oft rötliche Brandflecken auf den Blättern.
Ursachen: Wenn Kübelpalmen im Mai übergangslos in die aggressive Frühjahrssonne gestellt werden oder die pralle Sonne auf nasse Blätter scheint oder eine Schattenpalme ans Südfenster gestellt wird, bekommen sie Sonnenbrand.

Bekämpfung: Verbrannte Blätter entfernen. Standort verbessern. Kübelpalme an halbschattiger Stelle etwa 14 Tage akklimatisieren und erst dann ins volle Sonnenlicht stellen.

Gewebewucherungen, Aurigoflecken
Symptome: Wucherungen beziehungsweise Ausstülpungen auf den Blattunterseiten, die später vertrocknen und braun und höckerig werden. Bei Aurigoflecken – die ersten Flecken bilden sich im allgemeinen an der Blattspitze – kann später das ganze Blatt gesprenkelt aussehen.
Ursachen: Wenn Palmen durch zuviel Wärme oder Boden- oder Luftfeuchte gezwungen werden zu treiben, sich aber, bedingt durch Lichtmangel, in einer Art Ruhephase befinden, kommt es durch Wasserüberdruck zu Gewebewucherungen. Aurigoflecken entstehen auf die gleiche Weise und kommen bei einkeimblättrigen Pflanzen wie Palmen häufig vor.
Bekämpfung: Pflanze heller und kühler stellen, weniger gießen.

Trockenschäden
Symptome: Das Gewebe an den Blattspitzen und -rändern stirbt ab und verfärbt sich braun. Die Wurzeln werden zuerst braun, später morsch.
Ursachen: Ausgetrockneter Wurzelballen, zu heißer und sonniger Standort, trockene Zimmerluft.
Bekämpfung: Bei starken Schäden helfen keine Maßnahmen. Sind nur einzelne Wedel vertrocknet, schneidet man sie ab und wässert die Palme durchdringend, bis sie sich wieder erholt hat.

Schädlinge

Es handelt sich vor allem um Insekten, ihre Larven und um Spinnentiere, die den Pflanzensaft als Nahrung heraussaugen oder Wurzeln und Blätter anfressen. Dabei schwächen und verunzieren sie die Pflanze derart, daß sie eingeht, wenn man nichts unternimmt.

Blattläuse
Wenn überhaupt, werden Palmen hauptsächlich von der Grünen Pfirsichblattlaus *(Myzus persicae)* befallen. Die Insekten sind 2 bis 3 mm lang, grün und nahezu unbeweglich. Sie sitzen in dichten Kolonien unter den Blättern oder auf den Stengeln.
Symptome: Klebrige Blätter (Honigtaubildung). Gerollte und gekräuselte Blätter oder andere Blattdeformationen.
Ursachen: Zugluft, offene Fenster im Frühjahr, zu trockene Zimmerluft im Winter.
Bekämpfung: 1. Mit Holunderblattbrühe (→ Seite 35). 2. Mit Schmierseifenlösung (→ Seite 35). Behandlung im Abstand von etwa einer

Schildläuse.
Ursachen für den Befall sind trockene und warme Luft.

Woche mehrfach wiederholen.
3. Nur wenn diese milden, biologischen Mittel versagen, ein spezielles Insektizid anwenden, dabei die Gebrauchsanweisung peinlich genau befolgen. 4. Im Kleingewächshaus, Wintergarten, versuchsweise auch im Blumenfenster Räuberische Gallmücken und Florfliegeneier einsetzen (→ Nutzinsekten, Seite 35).

Schildläuse

Schildläuse besitzen weder Augen, Flügel noch Beine. Sie verstecken sich und ihre Eier unter einer weißgelben bis braunen Wachsschicht und werden häufig zu spät entdeckt. Die Larven sind so winzig und flink, daß sie ebenfalls meist unbemerkt bleiben.
Symptome: Honigtauabsonderung, Rußtaubildung. Gelbe Flecken auf den Blättern, Blattfall.
Ursachen: Zu trockene, warme Luft.
Bekämpfung: 1. Pflanzen kühler und luftfeuchter stellen. Bei leichtem Befall Schilde mit dem Fingernagel oder einem Hölzchen abkratzen. 2. Schilde mit Spiritus-Seifenlösung betupfen (→ Seite 35), nach einigen Stunden die Schilde abkratzen. 3. Palmen mit hartem, robustem Laub mit Elefant Sommeröl behandeln. Zartblättrige vorsichtig mit Insektizid-Spray einnebeln.

Woll- und Schmierläuse

Sie gehören zu den Schildläusen, sind 2 bis 3 mm lang, weiß, gelb, flügellos und flink. Die bevorzugten Plätze sind Wurzelhals, Blattachseln, Blattunterseiten.
Symptome: Wattebauschähnliche Wachsausscheidungen.
Ursachen: Zu trockene, warme Luft.
Bekämpfung: wie Schildläuse.

Woll- und Schmierläuse.
Man erkennt sie leicht an den feingespinstigen, watteweißen Gebilden, die vor allem in den Blattachseln zu finden sind.

Blasenfüße (Thripse)

Der Gewächshausblasenfuß (Heliothrips haemorrhoidalis) fliegt ganz gezielt bestimmte Pflanzen an. Leider auch Palmen. Das Insekt ist 1 bis 2 mm lang, braunschwarz und besitzt zwei Paar auf dem Rücken zusammengeschlagene, schwarzweiße Flügel. Die kaum sichtbaren Larven sitzen unter den Blättern.
Symptome: Silbrig aussehende Blätter, hervorgerufen durch Luft in den dicht an dicht sitzenden Stichstellen. Unter den Blättern bräunliche Saugstellen, daneben schwarze, glänzende Kotflecken.
Ursachen: Trockene Heizungsluft.
Bekämpfung: 1. Topf in Plastiktüte stecken, zubinden. Pflanzen umgedreht nach unten halten und mit lauwarmem Wasser gründlich in der Badewanne abbrausen. Wegen der raschen Generationenfolge öfter wiederholen. 2. Mehrfach die ganze Pflanze mit handwarmem Wasser einnebeln, Blätter mit feuchtem Schwamm abwischen.

Spinnmilben

Sie sind der Schrecken aller Gewächshausbesitzer und Zimmerpflanzenfreunde. Es gibt verschiedene Arten. Palmen werden meist von der Gemeinen Spinnmilbe (Tetranchyus urticae) heimgesucht.
Symptome: Feine Gespinste unter den Blättern. Silbrig gesprenkelte Blätter, die später verdorren.
Ursachen: Trockene, warme Luft.
Bekämpfung: 1. Für hohe Luftfeuchte sorgen (→ Plastikbeutel-Trick, Seite 35). Pflanzen mehrmals wöchentlich abbrausen. 2. Mit Knoblauchtee (→ Seite 35) spritzen, Behandlung mehrfach wiederholen. 3. Im Gewächshaus oder Wintergarten Raubmilben einsetzen (→ Nutzinsekten, Seite 35).

Weiße Fliege

Meist bleiben Palmen von ihr verschont. Dennoch kommt die Weiße Fliege oder Mottenschildlaus oft in ihrer Nähe vor, da sie wie tropische Palmen feuchte Wärme liebt. Die weißen Insekten fliegen bei der geringsten Berührung auf. An den Blattunterseiten sitzen weiß überpuderte Schüppchen (Larven).

Blasenfüße.
Das Schadbild zeigt sich meist nach der Heizperiode.

Symptome: Honigtaubildung, Blattschäden.

Ursachen: Feuchtwarme, gestaute Luft in Vitrinen, Blumenfenstern, Wintergärten, Gewächshäusern.

Bekämpfung: 1. Pflanzen kühler und luftiger stellen. 2. Mit lauwarmem Wasser besprühen, dann mit weichem Tuch abwischen, vor allem Blattunterseiten. 3. Gelbtafeln (Fachhandel) aufhängen. Im Wintergarten und in Gewächshäusern, versuchsweise auch im Blumenfenster, Schlupfwespen einsetzen (→ Nutzinsekten, Seite 35).

Trauermücken

4 bis 7 mm große schwarze Fliegen, die im Haus sehr lästig sind. Die Larven, durchsichtig und mit schwarzen Köpfen ausgestattet, lieben humus- und torfreiche Erde und können die Wurzeln anfressen. Befallen Palmen selten.

Symptome: Wurzelschäden, vor allem an Jungpflanzen.

Ursachen: Übertragung durch andere Pflanzen, Einschleppung von draußen.

Bekämpfung: 1. Gelbtafeln aufhängen. 2. Erde trockener halten.

Dickmaulrüßler

Aussehen: Graugetupfter Käfer mit rüsselartigem Kopf, der sich tagsüber meist im Boden der Wirtspflanze versteckt. Er ist äußerst vermehrungsfreudig und kann großen Schaden anrichten. Die Larven sehen aus wie Engerlinge und haben einen braunen Kopf.

Symptome: Plötzliches Absterben der Pflanze, Wurzelschäden. Halbmondförmige Fraßstellen an den Blättern. Befällt Palmen im Zimmer nur selten, kann aber draußen auf der Terrasse vorkommen.

Bekämpfung: Larven und Käfer nachts mit Hilfe der Taschenlampe absammeln. Die im Erwerbsgartenbau üblichen Insektizide sind für den Hausgebrauch zu gefährlich.

Dickmaulrüßler.
Halbmondförmige Fraßstellen deuten auf einen Befall mit dem Dickmaulrüßler hin.

Im Fachhandel zu beziehen ist aber eine Nematodenart, die in wenigen Tagen mit den Larven aufräumt (→ Nutzinsekten, Seite 35).

Pilzkrankheiten

Die meisten Pilze sind Schwächeparasiten und stellen sich nur ein, wenn die Pflanze durch Kälte, zu trockene Luft, Lichtmangel, Sonnenbrand oder Nährstoffmangel stark gestreßt ist. Oft siedeln sie sich auch auf den Saugstellen von Schädlingen an.

Blattfleckenkrankheit

Symptome: Verstreute, unregelmäßige, verschieden große Flecken, gelblich, braun oder rötlich, auf dem ganzen Blatt verteilt.

Ursachen: Infektion.

Bekämpfung: Pflegefehler beheben. Kranke Pflanzenteile entfernen und in den Müll (nicht auf den Kompost!) werfen. Unterstützend mit einem Pilzbekämpfungsmittel spritzen, das Mancozeb oder Metiram enthält.

Sclerotium

Symptome: Die befallenen Pflanzen sehen bleichgrün aus, welken und verdorren. Auf den kranken Teilen sind »Senfkörnchen« zu sehen.

Ursachen: Palmen können sich leicht an der Kranzschlinge (Stephanotis) anstecken, die gern von diesem Pilz befallen wird.

Bekämpfung: Kranke Teile wegschneiden. Pflanzen mit Knoblauchlösung (→ Seite 35) einsprühen. Bei starkem Befall ist keine Rettung möglich.

Phoenix-Brandpilz

Symptome: Harte, schwarze Wärzchen oder Schwielen, die helle Sporen enthalten. Das Blatt färbt sich gelb und stirbt ab.

Ursachen: Der palmenspezifische Pilz (Graphiola phoenicis) kann schon beim Kauf in der Pflanze stecken.

Bekämpfung: Befallene Wedel entfernen. Mit einem Fungizid spritzen.

Phoenix-Brandpilz.
Dieser palmenspezifische Pilz tritt bei Palmen in Haus oder Garten selten auf, der Pilzinfekt wird durch zu hohe Luft- und Bodenfeuchte begünstigt.

Nutzinsekten zur Schädlings-
bekämpfung

Bei dieser neuen Form der Schädlingsbekämpfung läßt man einfach Nutzinsekten gegen Schadinsekten antreten, zum Beispiel Raubmilben gegen Spinnmilben, Florfliegen und Räuberische Gallmücken gegen Blattläuse, Schlupfwespen gegen Weiße Fliege oder gegen die Larven des Dickmaulrüßlers die Nematodenart Heterorhabditis. Sobald die weitaus gefräßigeren Nutzinsekten alles vertilgt haben, gehen sie ein, weil ihnen weiteres Futter fehlt. Nutzinsekten helfen am wirkungsvollsten im Gewächshaus und Wintergarten. Man kann sie aber auch im Blumenfenster einsetzen. Bestellscheine gibt es im örtlichen Fachhandel. Die Nützlinge kommen per Post.

Alternative Bekämpfung

Holunderblattbrühe gegen Blattläuse
300 g Holunderblätter mit 300 ml Wasser kochen. Absieben und ½ Teelöffel Schmierseife darin auflösen. Pflanze alle acht Tage insgesamt dreimal damit einsprühen.

Knoblauchtee gegen Pilzinfekte
Eine Knoblauchzehe in der Presse zerdrücken und mit 1 l Wasser aufbrühen. Abkühlen lassen und damit die Pflanzen einmal wöchentlich einsprühen. Kann auch vorbeugend angewendet werden. Knoblauch wirkt noch in millionenfacher Verdünnung fungizid und antibakteriell. Dies weiß man aus der Arzneimittelkunde.

Spiritus-Seifen-Lösung gegen Schild- und Wolläuse
1 Eßlöffel Schmierseife in etwas warmem Wasser auflösen. Knapp 1 l Wasser und 1 Eßlöffel Brennspiritus hinzufügen. Pinsel in die Lösung tauchen und damit die Schilde oder wolligen Gespinste betupfen. Oder die ganze Pflanze einsprühen. Blattunterseiten nicht vergessen! Bei zartlaubigen Palmen nach etwa 15 Minuten Einwirkungszeit die Pflanze mit klarem Wasser nachspülen, um Verbrennungsschäden zu vermeiden.
Achtung: Bei der Behandlung nicht rauchen. Auch verdünnter Spiritus ist feuergefährlich!

Brennesseltee gegen Blattläuse und Spinnmilben
100 g frische Brennesselblätter oder 50 g getrocknete Brennesseln mit 1 l heißem Wasser überbrühen. Absieben und nach dem Abkühlen unverdünnt anwenden. Der Tee kann sowohl vorbeugend als Stärkungsmittel mit dem Gießwasser verabreicht wie auch bei Befall als Spritzbrühe verwendet werden.

Der Trick mit dem Plastikbeutel
Die bequemste, billigste und völlig unschädliche Methode, Spinnmilben loszuwerden ist, sie in die »Sauna« zu stecken. Zuerst gießen Sie die Palme gut. Überschüssiges Wasser wegschütten und die Pflanze in einen durchsichtigen Plastikbeutel stecken (→ Zeichnung rechts). Zubinden und zwei bis drei Tage stehenlassen. Für die Palmen ist die hohe Luftfeuchte angenehm, die Spinnmilben gehen davon ein. Bei großen Palmen Kleiderbeutel aus der Reinigung nehmen!

Bekämpfung von Spinnmilben. Palme gut gießen, überschüssiges Wasser wegschütten und die Pflanze in einen durchsichtigen Plastikbeutel stellen. Durch die hohe Luftfeuchtigkeit, die sich in dem geschlossenen Folienbeutel bildet, gehen die Spinnmilben ein.

Wo Sie noch Rat finden

Wer sich nicht ganz sicher mit seiner Diagnose ist und vielleicht Angst um eine besonders wertvolle, alte Palme hat, kann sich auch an ein Pflanzenschutzamt oder an den Pflanzenschutzdienst des Landwirtschaftsamtes wenden, die kostenlose Auskünfte erteilen. Oder Sie schreiben an eine Gartenfachzeitschrift, die mit einem amtlichen »Pflanzendoktor« zusammenarbeitet. Gegen Einsendung eines frankierten Rückumschlags gibt man Ihnen meist innerhalb von 14 Tagen Bescheid.
Wichtig: Pflanzenprobe beilegen und genau beschreiben, wie die Palme gepflegt wird, wo sie steht, wie alt sie ist.

Palmen erfolgreich vermehren

Die meisten Palmenarten werden durch Samen vermehrt, seltener durch Teilen, Abmoosen oder Ableger. Wer Palmen aus Samen selbst heranzieht, hat nicht nur viel Spaß, er erhält auch Raritäten, die es nirgends zu kaufen gibt. Und er kann sich zu seinem grünen Daumen beglückwünschen, wenn es klappt. Palmensamen sind nämlich »launisch«. Meistens hängt ein gutes Keimergebnis von der Samenfrische ab.

Der Samen für die Aussaat

Voraussetzung einer erfolgreichen Aussaat sind Geduld und Experimentierfreude. Palmensamen besitzen nämlich nicht nur eine kurze Keimkraft und eine überdurchschnittlich lange Keimdauer, sie reagieren auch bei der Aussaat sehr unterschiedlich. So kann es passieren, daß von Samen aus derselben Tüte ein Teil aufgeht und der Rest erst im nächsten Jahr. Werfen Sie also nie zu früh die Flinte ins Korn, und ärgern Sie sich auch nicht, wenn nicht alles keimt. Bei Palmen ist das normal. (Dies gilt auch für den Palmfarn [Cycas], dessen Samen oft erst nach Monaten zu keimen beginnt.)

Wichtig beim Samenkauf

Je frischer der Samen ist, um so zuverlässiger keimt er. Manche Samenfirmen versiegeln ihn darum in Keimschutzbeuteln, die erst vor der Aussaat geöffnet werden. Eine Garantie für erntefrischen Samen gibt es jedoch nicht. Kaufen Sie Palmensamen nur in einer gut florierenden Samenhandlung, wo er nicht lange herumliegt und austrocknen kann, oder beziehen Sie ihn über Versandfirmen, die sich auf exotische Sämereien spezialisiert haben (→ Bezugsquellen, Seite 60).

Samen aus der Tüte können ohne Vorbereitung ausgesät werden. Nur, wenn sie sehr hart sind, müssen sie vorher eingeweicht werden (→ Seite 37).

Mein Tip: Kaufen Sie Palmensamen nie auf Vorrat.

Samen aus dem Urlaub

Wenn Sie aus Ihrem Urlaubsland frische Palmenfrüchte mitgebracht haben, müssen Sie zuerst den Samen freilegen. Die äußere Hülle der Früchte enthält manchmal keimhemmende Substanzen. Außerdem würde das Fruchtfleisch im feuchten Saatbeet schimmeln oder faulen. Legen Sie die Früchte einige Tage in warmes Wasser, und rubbeln Sie sie danach mit einer Bürste kräftig ab. Man kann sie auch mit 80°C heißem Wasser übergießen, 24 Stunden stehenlassen und dann die fleischige Außenhülle lösen. Danach muß sofort ausgesät werden. Derart frischer Samen bietet natürlich die beste Keimgarantie.

Samen selber ernten?

Das ist kaum möglich. Die meisten Arten kommen im Topf oder Kübel über das Jugendstadium nicht hinaus.

Leichte Keimer für Anfänger

Chamaedorea (Bergpalme), *Chamaerops* (Zwergpalme), *Phoenix* (Dattelpalme), *Washingtonia* (Washingtonie), *Pritchardia* (Pflege: wie *Cocos nucifera*), *Livistona* (Livistonie), *Microcoelum* (Kokospälmchen), *Arecastrum romanzoffianum* (Pflege: wie *Phoenix canariensis*) und *Sabal* (Sabalpalme) keimen erfahrungsgemäß ziemlich zuverlässig.

Raritäten für Fortgeschrittene

Wer sich mit Exotenaussaat auskennt, ein geheiztes Vermehrungsbeet oder ein warmes Gewächshaus mit Luftfeuchteregelung besitzt, kann sich auch an schwierige Kandidaten wagen: *Licuala grandis* (Strahlenpalme, Pflege wie: *Microcoelum*), *Dictyosperma album* (Pflege wie: *Chrysalidocarpus*), *Butia yatay* (Butiapalme, Pflege wie: *Washingtonia filifera*), *Roystonea regia* (Königspalme, Pflege wie: *Cocos nucifera*), *Rhopalostylis sapida* (Nikanpalme, Pflege wie: *Rhapis excelsa*), *Archontophoenix alexandrae* (Pflege wie: *Archontophoenix cunninghamiana*).
Hinweis: Die Pflegeanleitungen finden Sie auf den Seiten 42 bis 57.

So gelingt die Aussaat

Die beste Aussaatzeit ist das Frühjahr. Am günstigsten sind die
Monate Februar bis Mai, weil dann
die Jungpflanze in die wärmere und
lichtreichere Jahreszeit hineinwach-
sen kann. Bei Samen mit langen
Keimzeiten entsprechend früher
beginnen.

Was Sie zur Aussaat brauchen
- Aussaaterde,
- groben, gewaschenen Sand,
- Wärmeunterlage (Fachhandel),
- Aussaatschale mit Haube oder
Einzeltöpfe
- oder ein heizbares Vermehrungs-
beet (Keimbox),
- Pflanzenschilder,
- Folienbeutel.

So wird's gemacht
- Harte Samen mit warmem Was-
ser übergießen, 24 bis 48 Stunden
einweichen. Samen mit weicher, fil-
ziger Hülle nicht einweichen!
Wichtig: Nach Arten getrennt ein-
weichen und Namensschilder mit
Klebestreifen am Gefäß befestigen.
Einige Samen sehen sich nämlich
sehr ähnlich.
- 2 Teile Aussaaterde mit 1 Teil
Sand mischen.
- Erde gut anfeuchten.
- Samen je nach Größe im Abstand
von 3 bis 5 cm auslegen.
- Samen mit Erde bedecken.
- Namensschilder einstecken.
- Aussaatschale und Keimbox mit
Haube verschließen, über die Töpfe
Folienbeutel stülpen und zubinden.
Gefäße dunkel stellen oder mit Zei-
tung abdecken. Palmen sind Dun-
kelkeimer.
- Aussaaten auf Wärmeunterlage
oder Fensterbank mit darunterlie-
gender Heizung stellen. Keimbox
anschließen.
- Ab und zu lüften, damit Schwitz-
wasser ablaufen kann. Sonst
Schimmelgefahr. Danach Haube
sofort wieder schließen.

Reife Früchte von Chamaerops humilis (Zwergpalme).

Palmenaussaat in Hydro: Palmen
kann man auch im Hydrosubstrat
heranziehen. Statt mit Anzuchterde
füllt man das beheizte Vermehrungsbeet mit Blähton und sät wie
gewohnt aus.

Worauf es in den ersten Wochen ankommt

Wichtig ist vor allem, daß die Bodenwärme konstant bei 25°C bis
30°C bleibt, die Erde nie ganz
austrocknet, aber auch nicht
klatschnaß ist.

Wenn die Samen einmal gekeimt
haben, dürfen sie nicht mehr austrocknen, sonst stirbt der Sämling
bald ab.

Wichtige Pflegemaßnahmen
- Aussaaten täglich kontrollieren.
- Eventuell nachgießen oder Erde
einsprühen.
- Gekeimte Palmen so hell wie
möglich stellen (nicht sonnig).
- Hauben öfter lüften, Folienbeutel
auf den Töpfen ganz entfernen.

Palmensämlinge etwa 6 Monate nach der Aussaat.

Pikieren und Einpflanzen

<u>So wird's gemacht</u>
● Töpfe mit Erde füllen, gleiche Erde wie beim Umtopfen nehmen (→ Seite 22), also übliche Blumenerde, Einheitserde oder Torfkultursubstrat (TKS). Etwa ¼ lehmige Erde daruntermischen und zwecks guter Wasserführung etwas Sand.
● Pflänzchen sacht aus der Aussaaterde lösen.
<u>Wichtig:</u> Der Samen muß dranbleiben. Er dient dem Sämling noch längere Zeit als Nahrung.
● Pflänzchen in Einzeltöpfe setzen.
<u>Ausnahme:</u> Von buschig oder horstig wachsenden Palmen drei Jungpflänzchen in einen Topf setzen. So erhält man gleich einen schönen Tuff.

Mein Tip: Ich stelle meine Sämlinge ab Juni immer ins Freie an einen windgeschützten, schattigen Platz im Garten. Im Sommer werden sie täglich mit sonnenwarmem Wasser überbraust.

Palmen aus getrockneten Datteln

Aus den Früchten der Dattelpalme können Sie leicht Sämlinge ziehen. Schon Hieronymus Bock schrieb 1577 in seinem »Kreutterbuch«: »… der selben kernen hab ich etwann gesetzet/ seind auch aufgegangen/ brachten erstmals fingers lang schmale blettlein herfür/ anzusehen als der kleinen Schwerteln/ weiter konnt ich sie nicht bringen.« Vermutlich lag es daran, daß der berühmte Straßburger Arzt und Botaniker damals noch nicht wußte, wie nötig Bodenwärme und

hohe Luftfeuchte für den kleinen Sämling gewesen wären. Und wo hätte er beides auch hernehmen sollen ohne moderne Technik? Heute ist die Anzucht problemlos. Datteln gibt es das ganze Jahr. Am feinsten und frischesten sind sie um die Weihnachtszeit, die nebenbei auch ein idealer Aussaattermin ist.
<u>So wird's gemacht</u>
● Harte Kerne der Früchte in Töpfe oder Schalen mit ½ Aussaaterde, ½ Sand setzen.
● Gefäße warm stellen und mit einer Glasplatte beziehungsweise einem Folienbeutel verschließen.
● Keimdauer: etwa 2 bis 3 Monate.
● Wenn der Sämling fingerlang ist, pikieren. Das Pikieren entfällt, wenn man einzelne Kerne in Einzeltöpfe gesetzt hat. (Nähere Pflegehinweise, → *Phoenix dactylifera*, Seite 52.)

Wissenswertes über Datteln
Bei der Dattelpalmenfrucht handelt es sich um eine länglich geformte, gold- bis rotbraune Beere mit tiefgefurchtem Samen. Das Fruchtfleisch enthält 60 bis 70% Fruchtzucker sowie beachtliche Mengen an Schwefel und Phosphor. Es ist von einer silbrig schimmernden Wachshaut überzogen.
Als Urheimat der Dattelpalme vermutet man den Raum um den Persischen Golf. Berühmt ist der Palmenhain von Elche bei Alicante/Spanien, wo schon die Phönizier Dattelpalmen kultivierten. Heute wird die wichtigste Nutzpflanze der Wüstenvölker überall dort angebaut, wo sie mit »den Füßen im Wasser und dem Kopf in der Sonne« steht: Ägypten, Irak, Iran, Saudi-Arabien, Kalifornien, Texas, Mexiko, Brasilien, Argentinien, Südafrika und Australien.
Im Lauf der Jahrtausende entstanden unzählige Varietäten. Grob unterschieden wird zwischen Zucker- und Stärkedattel.

*So keimt
die Kokosnuß.*

*Kokosnuß mit heißem Wasser übergießen. In eine mit Wasser gefüllte
Schale geben, Heizmatte unterlegen. Nach erfolgter Keimung in Erde
eintopfen.*

Die Datteln, die wir als gesundes
Konfekt naschen und deren Kerne
wir zur Palmenanzucht verwenden,
stammen von den kleinfrüchtigen
Zuckerdatteln.

Eigene Dattelernte?

Obwohl die Dattelpalme bereits mit
sechs oder sieben Jahren zum er-
stenmal fruchtet und sie ohne weiteres im Haus oder Wintergarten so
lange gesund bliebe, wird man ver-
geblich auf Früchtesegen warten.
Das hat seinen Grund:
• Dattelpalmen sind zweihäusig –
man benötigt also einen Dattel-
mann und eine Dattelfrau.
• Dattelpalmen brauchen zur Blü-
ten- und Fruchtbildung eine lange
Hitzeperiode mit durchgehend
30°C. Da hätte sogar unser legen-
därer Supersommer '76 nicht aus-
gereicht!

Wie Sie eine Kokosnuß zum Keimen bringen

In den Wintermonaten gibt es in
allen Supermärkten Kokosnüsse.
Wer die Möglichkeit hat, diesen
Riesensamen ständig feuchtwarm
zu halten, bringt ihn leicht zum Keimen. Ich habe festgestellt, daß
Nüsse mit hellbraunen Augen am
leichtesten aufgehen. Von diesen
Augen, auch Keimporen genannt,

besitzt die Kokosnuß gleich drei.
Allerdings: Nur unter einer Öff-
nung schlummert der winzig kleine
Keimling. Die Natur hilft seiner
Geburt so etwas nach, wie sollte er
auch sonst durch die extrem harte
Schale kommen? Und sie tut noch
mehr: Kokosmilch und Kokos-
fleisch, die wir gern verzehren, sind
für den Sämling Wegzehrung für
zwei bis drei Jahre.
Sicher haben Sie auch schon be-
merkt, daß die Nuß der Kokospalme vom Gärtner im Gegensatz zu
der Supermarkt-Nuß dicker ist und
eine glatte Außenhaut besitzt. Hier
handelt es sich noch um die kom-
plette Kokosfrucht. Sie ist etwa
kindskopfgroß, braucht zwölf Monate zum Reifen und besteht aus
dem inneren Teil (Endokarp), dem

faserigen, gewebereichen mittleren
Teil (Mesokarp) und der glatten
Außenhaut (Exocarp), die bei den
Nüssen im Supermarkt bereits ab-
geschält wurden.
Kokosnüsse für gärtnerische Zwe-
ke werden, bevor man sie in ihrer
Heimat auf Schiffe verlädt, oft mit
einem Keimhormon behandelt. Es
wird in die drei Wuchsöffnungen
gespritzt und bewirkt, daß die
Schale weich und durchlässig wird.
Wenn die Nüsse bei uns eintreffen,
können sie gleich weiterkultiviert
werden.

Mein Tip: Für den Hobbygärtner ist
die Anzucht aus geschälten Nüssen
viel einfacher.

Anzucht

Es gibt vier verschiedene Metho-
den, die zum Erfolg führen:
Methode 1: Anhaftende Fasern an
der Nuß entfernen, damit sie nicht
mehr schwimmen kann. (Die Fasern wirken nämlich wie eine
Schwimmweste und erlauben der
Kokosnuß, Tausende von Kilome-
tern im Meer herumzuschippern.)
Nuß mit 60 bis 80°C heißem Wasser übergießen. Liegend in eine
Schale geben, so daß sie bis zur
Hälfte ins Wasser kommt. Schale
auf Wärmematte stellen. Nach vier
bis acht Wochen bricht der Keim
durch die Keimporen.

*Vermehrung
durch Teilen.*

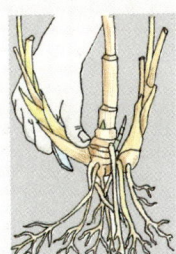
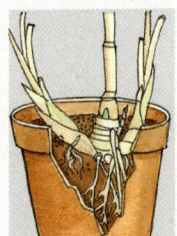

*Seitensproß mit scharfem Messer einschneiden (nicht abtrennen!).
Seitensproß bis zur Wurzelbildung an der Mutterpflanze lassen. Dann
abtrennen und eintopfen.*

Methode 2: Nuß mit Fasern auf einen mit feuchtem Sand oder Torf gefüllten großen Blumentopf legen. Fuß warm halten. Keimzeit: etwa acht Wochen.

Methode 3: Nuß in eine Schüssel legen und zu gut drei Viertel mit warmem Wasser bedecken. Wärmematte unterlegen oder Gefäß in den Heizraum stellen.

Methode 4: In ein großes Gefäß eine Mischung aus Sand, Erde und Torf geben. Die Nuß so einbetten, daß noch ein Drittel aus dem Substrat herausschaut. Gut anfeuchten und mit einer Glasplatte abdecken. Gleichmäßig feucht und sehr warm halten. Keimzeit: zwei bis drei Monate.

Tip für Hydrokultur-Liebhaber: Nüsse, die man im Wasser zur Keimung bringt (Methode 1 und 3) können, sobald sich Blatt und Wurzeln zeigen, sofort in Blähton getopft werden. (Nähere Pflegehinweise → *Cocos nucifera*, Seite 48).

Was tut sich in der Nuß?

Permanente Bodenwärme und Feuchte aktivieren den Keimling, sich ans Licht zu arbeiten. Ist er durch, bildet er zuerst eine Wurzel nach unten und dann ein meist zweispaltiges Blättchen nach oben. Im Innern schwillt das einzige vorhandene Keimblatt zu einem Saug-organ an, mit dessen Hilfe sich die wachsende Palme Nährstoffe aus dem Innern der Nuß holt.

Palmen teilen

Die Vermehrung durch Teilen ist bei allen Arten möglich, die Horste, Büsche oder Ausläufer bilden, zum Beispiel bei
Caryota (Fischschwanzpalme, → Seite 44),
Chamaerops (Zwergpalme, → Seite 46),
Chrysalidocarpus (Goldfruchtpalme, → Seite 47),
Rhapis (Steckenpalme, → Seite 54) oder
Calamus (Rotangpalme).

Da aber Palmen vor allem im Jugendstadium sehr wurzelempfindlich sind, empfehle ich diese Art der Vermehrung, wenn überhaupt, nur bei kräftigen, älteren und rundum gesunden Exemplaren.

Palmen abmoosen

Palmen sind für diese bei Gummibaum, Philodendron und anderen Zimmerpflanzen übliche Vermehrungspraxis nicht geeignet. Eine Ausnahme bildet die *Chamaedorea* (Bergpalme, → Seite 45), weil sie ein sogenannter Internodienbildner ist (Internodien = Blattknoten). Bei ihr erscheinen, meist wenn die Schäfte dünne Austriebe entwickeln, Luftwurzeln. Diese kann man mit feuchtem Torf umwickeln und später abtrennen.

Nachteil: Man muß einen Trieb opfern und verändert dadurch das gesamte Erscheinungsbild der Palme.

Mein Tip: *Chamaedorea* (Bergpalmen) keimen so leicht. Warum sie nicht besser aus Samen heranziehen?

Vermehrung der Yucca

Yuccas lassen sich leicht aus Stammstücken und Seitentrieben vermehren (→ Zeichnung, Seite 59). Wichtig sind auch hier hohe Bodentemperaturen (25 bis 28°C) und hohe Luftfeuchte.

So wird's gemacht
• Stammstücke oder Seitentriebe in beliebiger Länge abschneiden.
• Oben und unten markieren.
• Schnittflächen antrocknen lassen und mit Holzkohlepuder bestäuben (verhindert Fäulnis).
• Stammstücke in kleine Töpfe mit Torf/Sandgemisch (1:1) stecken. Nicht zu fest, damit die Schnittstelle noch Sauerstoff bekommt.
• Bei Seitentrieben untere zwei Blattetagen entfernen, Blätter etwas einkürzen.
• Gefäße feucht und warm halten.
• Neue Triebe zeigen die gelungene Bewurzelung an.

Yucca vermehren.

Blattschopf mit etwa 7 cm Stamm abschneiden (Blattschopf eintopfen). Stammrest in Stücke schneiden. Nicht zu fest in ein Vermehrungsbeet oder in sehr kleine Tontöpfe stecken, warm und luftfeucht halten, bis neue Triebe die gelungene Bewurzelung zeigen.

Kokospalme.
Unter der goldgelben Schale der Früchte verbirgt sich die bekannte Kokosnuß. ▷

Archontophoenix cunninghamiana

An der zum Verkauf angebotenen Jungpflanze ist meist nicht zu erkennen, daß sich die Fiederblätter später noch erheblich verbreitern. Oft wird diese Palmenart, die in ihrer australischen Heimat 18 bis 22 m Stammhöhe erreicht, noch unter ihrem alten Namen *Seaforthia elegans* oder *Ptychosperma* angeboten. Heute heißt sie *Archontophoenix cunninghamiana* zu Ehren des britischen Pflanzensammlers Allan Cunningham, der sie Mitte des 19. Jahrhunderts nach Europa brachte. Wer Glück hat, kann in botanischen Gärten erwachsene Pflanzen mit ihren wunderschönen, lavendelblauen Blütenständen sehen, aus denen später rote Beerenfrüchte hervorgehen. *Archontophoenix* – der Name leitet sich vom Griechischen *archon* = Herrscher und der Phoenixpalme ab – darf nicht verwechselt werden mit *Acanthophoenix*, einer auf Mauritius beheimateten weniger bekannten Art. Die australische Art hat sich als Zimmerpalme und dekorative Grünpflanze für den Wintergarten gut bewährt; sie wird heute in großen Mengen aus Holland eingeführt.

Heimat: Ostaustralien.
Standort: Hell, keine Sonne. 15–18° C, auch wärmer. Im Winter nicht unter 10° C. Verträgt trockene Heizungsluft schlecht. Ab Herbst besser ins helle Treppenhaus oder den Wintergarten stellen.
Wasser: Gleichmäßig feucht halten, Staunässe aber meiden. Öfter einsprühen.
Erde: Übliche Blumenerde, Einheitserde.
Düngen: Von April bis August schwach dosiert.
Umtopfen: Nur bei Bedarf.
Vermehrung: Durch Samen.
Schädlinge, Krankheiten: Bei zu trockener Luft Befall mit Spinnmilben und Schildläusen möglich (→ Schädlinge, Seite 32).

Wichtig: Im Jugendstadium kann man *Archontophoenix* leicht mit *Euterpe* (Assaipalme), *Howeia* (Kentia) und *Chyrsalidocarpus* (Goldfruchtpalme) verwechseln. Bestes Erkennungsmerkmal: Die Fiederspitze der *Archontophoenix* sieht aus wie ein dickes V.

Archontophoenix, eine Zimmerpalme aus Australien.

Betelnußpalme, richtige Palme für feuchtwarme Plätze.

Fiederblatt der Betelnußpalme.

Areca catechu
Betelnußpalme

Manchmal wird die Palmenfamilie *(Palmae)* nach dem Gattungsnamen dieser Art benannt: *Arecaceae.* Die Bezeichnung leitet sich aus der Sprache der Tamilen ab und bedeutet soviel wie „Büschel mit Nüssen"; *catechu* ist malaiisch. Berühmt geworden ist diese Palmenart durch den Betelpriem. Etwa 300 Millionen Menschen zwischen den Wendekreisen kauen die belebende Droge. Wer einmal in den Tropen war, wird sich vielleicht an die roten Spuckflecke erinnern, die überall auf Straßen und Bürgersteigen zu sehen sind. Diese Flecke werden vom Areca-Rot der Betelnuß verursacht. Man schneidet die Samen in Scheiben, vermischt sie mit Kalk, Tabak, Zimt oder Gambur und umwickelt alles mit den Blättern des Betelpfeffers. Bei uns wird der Samen zum Keimen gebracht und das entstandene Jungpflänzchen als Mini-Kokospalme verkauft. Leider ist die Lebensdauer dieser schlankstämmigen Palme, die in ihrer Heimat bis 30 m hoch wird, bei uns nur sehr kurz.

Heimat: Philippinen, Südostasien.
Standort: Ganzjährig über 20° C warm, luftfeucht und hell. Wächst am besten im feuchtwarmen Gewächshaus, im geschlossenen Blumenfenster oder in einer Vitrine.
Wasser: Gleichmäßig feucht halten. Am Fenster in einen ständig mit Wasser gefüllten Untersatz geben. Für indirekte Luftfeuchte sorgen. Sprühen.
Erde: Einheitserde oder übliche Blumenerde mit Sand.
Düngen: Von April bis August schwach konzentriert alle 14 Tage.
Umtopfen: Entfällt bei der Kurzlebigkeit der Pflanze meist.

Vermehrung: Durch Samen, die nach etwa zwei bis drei Monaten bei Bodentemperaturen von 25° C keimen.
Schädlinge, Krankheiten: Wachstumsstörungen bei zu kühlem und lufttrockenem Stand.

Mein Tip: Mit einer untergelegten Wärmematte hält es diese schwierige Palme sogar auf der Fensterbank lange aus.

Ist leicht von allen anderen Palmen zu unterscheiden.

Fruchtstand der Fischschwanzpalme.

Caryota mitis
Fischschwanzpalme

Diese Palme ist unverwechselbar. Ihre doppelt gefiederten Blätter sehen aus wie angefressene Fischschwänze. Bei uns kommt die tropische Art, die in den USA schon lange ein gern gesehener Zimmergast ist, langsam auch in Mode. *Caryota mitis* wächst buschartig, bildet zahlreiche Ausläufer, die man abnehmen und in einem Topf bewurzeln kann und wird im Haus nur alt, wenn Sie ihr gleichmäßige Wärme bieten können. Sie wächst relativ langsam, kann aber an optimalen Standorten rasch 150 cm hoch und fast ebenso breit werden. Die Fischschwanzpalme ist seit 1850 in Europa und in fast allen botanischen Gärten zu bewundern. Bemerkenswert sind ihre tiefgrünen Fruchtstände, die wie Nüsse aussehen (griechisch: *karyotes* = nußartig). Noch spektakulärer sind die Frucht- und Blütengebilde der eng verwandten ostindischen Fischschwanzpalme, *Caryota urens*. Das Fruchtfleisch aller Caryota-arten enthält, wie das der *Monstera deliciosa*, schleimhautreizende Oxalatkristalle.

Heimat: Hinterindien.
Standort: Ganzjährig warm, nie unter 18°C und hell. Keine Sonne.
Wasser: Der Wurzelballen muß immer leicht feucht sein. Liebt hohe Luftfeuchte, daher öfter einnebeln.
Erde: Übliche Blumenerde, Einheitserde.
Düngen: Von Frühjahr bis Herbst wöchentlich.
Umtopfen: Nur bei völliger Durchwurzelung.
Vermehrung: Durch Samen und Ableger.
Schädlinge, Krankheiten: Spinnmilben bei zu lufttrockenem Stand, braune Spitzen nach Ballentrockenheit oder Staunässe.

Mein Tip: Wenn Sie die Fischschwanzpalme umtopfen, sollten Sie auf keinen Fall vergessen, auf den Topfboden eine Dränageschicht aus Kies, Sand oder Styroporflocken zu geben.

Eine Palme für schattige Plätze.

Bergpalmen blühen schon in jungen Jahren.

Chamaedorea elegans
Bergpalme

Die *Chamaedorea elegans* (Bergpalme) ist in den dichten, undurchdringlichen Bergwäldern Mexikos und Guatemalas zu Hause; sie wächst dort in über 1000 m Höhe. Stellen Sie diese Palme darum ruhig mitten ins Zimmer. Sie ist ein Schattenkünstler und verträgt auch frische Temperaturen. Die zierliche Bergpalmenart besitzt steife, dicht geringelte Stämmchen, die maximal 2 m Länge erreichen und an der Basis sogenannte Adventivwurzeln bilden, das heißt, die Wurzeln sitzen an ungewöhnlicher Stelle. Die frischgrünen Fiederblätter hängen graziös über. Bei uns sowie in Belgien und Holland werden Bergpalmen aus Samen gezogen, der oft sehr unregelmäßig keimt, da er aus Wildsammlungen stammt. Die ein-, zwei- oder mehrjährigen Jungpflanzen sitzen meist zu dritt in einem Topf. Bergpalmen gehören zu den wenigen Palmen, die schon in jungen Jahren blühen. Die weiblichen Blüten der zweihäusigen Pflanzen strömen einen lieblichen Duft aus, die männlichen sind geruchlos. Bei guter Pflege erscheinen die blaßgelben Blütenstände unabhängig von der Jahreszeit immer wieder.

Heimat: Mexiko.
Standort: Hell bis halbschattig. Ideal ist ein Nordfenster. Im Sommer bei 20° C, im Winter kühler halten. Darf ab Juni an einen Schattenplatz ins Freie.
Wasser: Liebt hohe Luftfeuchte und einen gleichmäßig feuchten Wurzelballen.
Erde: Übliche Blumenerde, Einheitserde.
Düngen: Von März bis September alle drei Wochen.
Umtopfen: Nur, wenn sich die Wurzeln über den Topfrand schieben.

Vermehrung: Aus Samen.
Schädlinge, Krankheiten: Bei zu trockener Heizungsluft Befall mit Spinnmilben (→ Seite 33), bei Staunässe Wurzelfäule möglich.

Mein Tip: Wenn Ihre Bergpalme zu üppig blüht und Sie die Pflanze nicht schwächen wollen, schneiden Sie die Blütenstände besser ab, bevor sie sich entfalten.

Zwergpalme, die einzige europäische Palmenart.

Gefährlich: Die Dornenreihen auf den Blattstielen.

Chamaerops humilis
Zwergpalme

Sie ist die einzige europäische Palmenart, wächst meist mehrstämmig und buschig und trägt bläulichgrüne, tief geschlitzte bis 60 cm breite Fächerblätter. Ihren Namen *Chamaerops* verdankt diese Palme ihrer typischen Wuchsform (griechisch: chamai = niedrig, *rhops* = Gesträuch). Von der *Trachycarpus* (Hanfpalme, → Seite 56), mit der sie leicht verwechselt wird, unterscheidet sie sich durch ihre stark und gefährlich bedornten

Blattstiele. Als 20 bis 30 cm große Pflanze bildet die Zwergpalme die ersten Seitentriebe. Jedes Jahr erscheint dann ein neuer Blattschopf. Sie kann bei guter Pflege schon recht früh blühen, wächst aber ziemlich langsam. Während sie in ihrer Heimat oft mehr als 5 m hoch wird, erreicht sie im Kübel maximal 3 m.
Heimat: Westliches Mittelmeer.
Standort: Hell, sonnig, im Winter 4–12°C. Kann auch in Keller oder Garage bei schlechten Lichtverhältnissen überwintert werden. Von April bis November ins Freie stellen.

Wasser: Bei großer Wärme und im Sommer reichlich gießen. Im Winter, vor allem bei dunklem Stand, so gut wie nie. Nicht in den Blattschopf gießen, sonst fault das Herz.
Erde: Einheitserde oder lehmige Gartenerde mit Sand.
Düngen: Von März bis August alle acht Tage mit flüssigem Volldünger.
Umtopfen: Nur, wenn die Wurzeln den Topf zu sprengen drohen.
Vermehrung: Durch Samen und durch Teilen.
Schädlinge, Krankheiten: Bei zu warmer Überwinterung Blatt- und Schildlausbefall (→ Seite 32). Im Sommer können

Spinnmilben auftreten (→ Seite 33).

Achtung: Wenn Sie Kleinkinder haben, sollten sie mit der Anschaffung einer Zwergpalme lieber warten, denn an den Dornen ihrer Blattstiele kann man sich schlimm verletzen.

Eine Palme, die Schatten und Gewitterregen liebt.

Bei hellem Stand färben sich die Triebe goldgelb.

Chrysalidocarpus lutescens
Goldfruchtpalme, Arecapalme

Unter ihrem alten Namen Arecapalme zählt sie derzeit zu den ganz großen Marktrennern. Tatsächlich ist die Eleganz der Goldfruchtpalme der der *Howeia* (Kentia, → Seite 49) durchaus ebenbürtig. Da sie aber schneller wächst und leichter zu kultivieren ist, bekommt man sie erheblich preiswerter. Von der *Howeia* (Kentia) unterscheidet sich die Arecapalme durch ihr helleres, grün-

gelbes Laub, das an den Spitzen leicht überhängt, und durch die charakteristischen »sommersprossigen« Blattspindeln. Sie braucht mehr Wärme als die australische *Howeia* und verträgt Bodenfeuchte besser. Am madagassischen Heimatstandort kann sie 10 m hoch werden. In der Wohnung legt sie bei guter Versorgung spielend 20 cm pro Jahr zu. Die Wedel sind etwa meterlang, kammartig gefiedert und sehr dekorativ. Goldfrucht- oder Arecapalmen sind in allen Größen erhältlich und werden meist als Tuff angeboten.
Heimat: Madagaskar.

Standort: Ganzjährig sehr warm, nie unter 16°C. Hell, aber nicht sonnig stellen.
Wasser: Stets leicht feucht halten, vor allem für Luftfeuchte sorgen. Wedel im Winter öfter einsprühen! Bei sehr hohen Zimmertemperaturen werden sogar Fußbäder gut vertragen.
Erde: Übliche Blumenerde, Einheitserde.
Düngen: Von März bis Anfang August jede Woche.
Umtopfen: Alle zwei bis drei Jahre.
Vermehrung: Durch Aussaat oder durch Teilen. Die Arecapalme bildet Ausläufer.

Schädlinge, Krankheiten: Bei zu trockener Luft Läusebefall (→ Seite 32), gelbe Blätter, braune Flecken.

Mein Tip: Stellen Sie eine ältere Arecapalme ab Anfang Juni ins Freie an einen schattigen Platz. Sie liebt Gewitterregen!

Eine der beliebtesten und nützlichsten Palmen.

Nahaufnahme vom jungen Stamm.

Cocos nucifera
Kokospalme

Ihr Nutzen ist 999fach, sagt ein altes indisches Sprichwort. Tatsächlich zählt die Kokospalme nicht nur zu den schönsten Palmen der Welt, sie ist auch für mehr als 400 Millionen Menschen Lieferant von Eiweiß, Fett, Heizmaterial und Hausgeräten. Was viele nicht wissen: Kokosnüsse können, bedingt durch ihr geringes spezifisches Gewicht, die wie eine Schwimmweste wirkenden Fasern und die glatte Außenhaut ihrer Früchte, 4500 km im salzigen Meerwasser zurücklegen und dennoch keimfähig bleiben. Vielleicht gelangten auf diese Weise die Kokospalmen nach Hawaii? Ursprünglich war die erdgeschichtlich junge Vulkaninsel ja pflanzenlos. Heute sind junge Kokospalmen bekannte Marktpflanzen. Die Nüsse, aus denen sie herangezogen werden, stammen hauptsächlich von der Elfenbeinküste. Wer möchte, kann sich seine Kokospalme aber auch selbst aus einer Nuß heranziehen. Ein Versuch lohnt immer (→ Seite 39). Die daraus hervorgehenden Palmen sind kleinwüchsig, wachsen nicht so stürmisch und gedeihen besser im Zimmer. Verschwiegen werden darf allerdings nicht, daß die Kokospalme im lufttrockenen Zimmer nicht besonders langlebig ist.

Heimat: Südostasien, Stiller Ozean.

Standort: So hell und warm wie möglich. Verträgt volle Sonne. Im Sommer mittags schattieren! Im Winter nicht unter 18°C halten.

Wasser: Liebt hohe Luftfeuchte. Öfter einsprühen. Der Wurzelballen darf nie ganz austrocknen.

Erde: Einheitserde mit Lehm und Sand zu gleichen Teilen.

Düngen: Von April bis September jede Woche.

Umtopfen: Möglichst selten.

Vermehrung: Durch Samen.

Schädlinge, Krankheiten: Selten. Abwelken der unteren Blätter ist normal, da sich so der Stamm bildet. Braune Spitzen bedeuten zuwenig Luftfeuchte.

Mein Tip: Seit ich meine Kokospalme im Winter unter eine Pflanzenleuchte stelle und täglich mit weichem Wasser einsprühe, übersteht sie nicht nur die dunkle Jahreszeit besser, sie ist auch schon zwei Jahre über der Zeit, die man ihr bei Zimmerkultur im allgemeinen gibt.

Die straff aufrechte Howeia belmoreana.

Die breit überhängende Howeia forsteriana.

Howeia belmoreana
Howeia forsteriana
Howeia, Kentiapalme

So wie wir sie kaufen, als Jungpflanze nämlich, sind beide Arten kaum voneinander zu unterscheiden. Später erkennt man sie am Wuchs: *Howeia forsteriana* wächst schneller und mehr in die Breite, während *Howeia belmoreana* straff aufrecht und relativ langsam wächst. Beide Arten sind einstämmig und werden als Dreier-Tuff angeboten. Sie sind ziemlich teuer, aber die Ausgabe lohnt sich. Es gibt kaum

eine Palmenart, die so pflegeleicht und dekorativ zugleich ist. Der hohe Preis ist auch darauf zurückzuführen, daß der Samen, der gekeimt oder ungekeimt aus Australien geliefert wird, knapp ist. Im Erwerbsgartenbau wird daher nach der Möglichkeit gesucht, diese beliebten Palmen im Reagenzglas zu vermehren.
Heimat: Lord-Howe-Inseln, Australien.
Standort: Hell bis halbschattig. Verträgt keine Sonne. Kommt mit wenig Licht aus, wächst dann aber kaum. Ganzjährig Zimmertemperatur, tags bis 25°C, nachts 15–18°C. Ältere Pflanzen

ab Ende Mai ins Freie an einen windgeschützten, schattigen Platz.
Wasser: Mäßig gießen. Erde immer gut abtrocknen lassen.
Erde: Übliche Blumenerde mit etwas Sand.
Düngen: Von März bis September wöchentlich.
Umtopfen: Nur, wenn der Topf voll durchwurzelt ist. Bei Kunststofftöpfen zuerst eine Dränageschicht aus Tonscherben oder Blähton einfüllen.
Vermehrung: Durch Samen.
Schädlinge, Krankheiten: Bei zu trockener Luft Befall mit Spinnmilben und Schildläusen (→ Seite 33), bei Staunässe fault das Herz.

Mein Tip: Im Winter werden Kentiapalmen in Kunststofftöpfen leicht übergossen. Besser: Beim nächsten Umtopfen in Tontöpfe pflanzen, die den Wasserüberschuß aufsaugen und die Feuchtigkeit langsam an die Erde abgeben.

Livistona rotundifolia aus Indonesien.

Die australische Schirmpalme (Livistona australis).

Livistona australis
Livistona chinensis
Livistona rotundifolia
Livistonie, Schirmpalme

Im vorigen Jahrhundert waren die überaus dekorativen Livistonien schon einmal groß in Mode. Ihren Namen verdanken sie dem schottischen Baron of Livingstone. Die ersten Exemplare in Europa gab es bereits 1818 und 1824. Das Schöne an den Livistonien sind die großen halbkreisförmigen Blätter, die etwas abstehen und schon in jungen Jahren bei etwa meterhohen Pflanzen 60 bis 90 cm Durchmesser haben können. Die Livistonie gehört zu den Fächerpalmen. Man erkennt sie auch an den aufrechten Stämmen, die mit Blattscheidenresten bedeckt sind. Die Blattstiele sind scharfkantig und meist bestachelt. *Livistona australis* besitzt glänzende Blätter, die steif nach oben stehen, *Livistona chinensis* und *Livistona rotundifolia* haben etwas überhängendes Laub.

Heimat: Australien, Südchina.

Standort: Hell bis vollsonnig. Kann im Sommer draußen stehen. Im Winter reichen 12–14°C. Gesunde ältere Pflanzen sollen sogar bis –6°C vertragen.

Wasser: Im Sommer am warmen Standort reichlich gießen, im Winter nur leicht feucht halten.

Erde: Normale Blumenerde oder Einheitserde mit halb Lehm und Sand.

Düngen: April bis August jede Woche.

Umpflanzen: Nur, wenn der Ballen aus dem Topf drückt.

Vermehrung: Durch Samen.

Schädlinge, Krankheiten: Blattläuse, Schildläuse, Spinnmilben bei zu trockener Luft und an zu dunklen, warmen Winterplätzen (→ Seite 32).

Mein Tip: Livistonien wachsen zwar langsam, aber wenn sie mal loslegen, brauchen sie bald enorm viel Platz. Auf Dauer nichts für kleine Stadtwohnungen oder Balkone!

Achtung: An den scharfkantigen, meist bestachelten Blattstielen kann man sich verletzen!

Eine Palme, die Wärme und Feuchtigkeit liebt.

Fiederblatt des Kokospälmchens.

Microcoelum weddelianum
Kokospälmchen

Sie ist eine der meistverkauften Topfpalmen und wird sogar häufig als »Anfängerpalme« angeboten. Dabei ist die zierliche Pflanze aus dem tropischen Regenwald eher etwas für Fortgeschrittene, die bereits andere Exoten (Orchideen, Bromelien) in luftfeuchten und warmen Blumenfenstern, Wintergärten oder Vitrinen halten. Hier nämlich fühlt sich das Kokospälmchen pudelwohl, hier kann es lange bleiben, da selbst ältere Pflanzen selten größer als 150 cm werden. In lufttrockenen Wohnzimmern muß man es ihm mit kleinen Tricks heimatlich machen.

Heimat: Tropisches Brasilien.

Standort: Hell und warm, nie unter 20°C. Vor Sonne schützen.

Wasser: Ständig feucht halten, im Winter etwas weniger gießen, dafür öfter sprühen.

Erde: Einheitserde.

Düngen: Im Frühling und Sommer jeden Monat.

Umtopfen: Alle zwei bis drei Jahre.

Vermehrung: Durch Aussaat. Der Samen keimt jedoch nur bei 30°C Bodenwärme.

Schädlinge, Krankheiten: Braune Spitzen durch Ballentrockenheit und mangelnde Luftfeuchte, Wachstumsstockung durch mangelnde Luftfeuchte und »kalte Füße«, seltener gelbe Blätter durch zu hohe Luftfeuchte.

Mein Tip: Mein Kokospälmchen steht seit einigen Jahren an einem Ostfenster auf einer mit Blähton gefüllten Schale, die ich ständig sattfeucht halte, und wird im Winter zweimal in der Woche kräftig eingenebelt. Bei guter Pflege, so heißt es, kann es im Exil mehr als zehn Jahre alt werden.

Phoenix canariensis, eine beliebte Kübelpalme.

Blütenstand von Phoenix canariensis.

Phoenix canariensis
Phoenix dactylifera
**Kanarische Dattel-
palme**
Echte Dattelpalme

Die Kanarische Dattelpalme gibt es überall zu kaufen, die Echte Dattelpalme läßt sich leicht aus Dattelkernen heranziehen (→ Seite 38). Gepflegt werden sie in etwa gleich. Beide sind ausgesprochene Sonnenkinder, brauchen aber gleichzeitig viel zu trinken und lieben frische Luft, auch am Winterplatz. Nach den Worten eines arabischen

Dichters taucht die Dattelpalme den Fuß ins Wasser und ihr Haupt in das Feuer des Himmels. Wer sich Dattelpalmen zulegt, muß berücksichtigen, daß sie viel Platz brauchen. Hinzu kommt, daß die Kanarische Dattelpalme bei guter Kost rasch in die Breite geht. Wegen der ziemlich steifen Wedel und der harten Blattspitzen stellt man die Dattelpalmen besser einzeln auf. Die Pflanzen werden zumeist aus Italien und Spanien importiert. Vor dem Versand kappt man die Wurzeln, die durch den Topf gewachsen sind. Am Ankunftsort werden sie umgetopft. Eine gute Gärt-

nerei verkauft sie erst, wenn der Wurzelballen sich wieder völlig regeneriert hat.
Heimat: Kanarische Inseln, Arabien, Nordafrika.
Standort: Ganzjährig so hell wie möglich. Ab Mitte Mai ins Freie an sonnigen Platz. Im Winter hell, luftig und kühl bis 5°C.
Wasser: Im Sommer reichlich, im Winter nur sporadisch gießen.
Erde: Einheitserde oder lehmige Gartenerde mit Sand.
Düngen: Von April bis August alle 14 Tage.
Umtopfen: Jungpflanzen alle zwei bis drei Jahre, ältere nur bei Bedarf.
Vermehrung: Aus Samen.

Schädlinge, Krankheiten: Selten. Bei zu lufttrockenem Stand Befall mit Spinnmilben (→ Seite 33).

Mein Tip: Im Supersommer 1976 sind viele Phoenixpalmen verdorrt. Dies zeigt, wie wichtig es ist, selbst eine sonnenhungrige Pflanze erst einmal an einem halbschattigen Standort zu akklimatisieren, bevor man sie in die volle Sonne stellt.

Eine ideale Palme für kleine Wohnungen.

Blatt der Zwergdattelpalme.

Phoenix roebelenii
Zwergdattelpalme

Im Gegensatz zu ihren Vettern sollte man diese Dattelpalme im Sommer erst ins Freie stellen, wenn sie schon etwas älter und nicht mehr so zart ist. Sie liebt es warm und gedeiht besonders gut in luftfeuchten Blumenfenstern, Vitrinen und warmen Wintergärten. Ihr zierlicher Wuchs – sie wird auch im Alter kaum höher als 150 bis 200 cm – macht sie zur idealen Palme für kleine Wohnungen. Die Zwergdattel-palme bildet schlanke Wedel, die elegant überhängen. Die jungen Triebe erscheinen mehlig bestäubt, die jungen Wedel sind mit weißen Fasern ausgestattet. Die Pflanze wächst buschig und bildet bei Einzelstand dünne Stämme.

Heimat: Laos.
Standort: Drinnen sehr hell, draußen auch halbschattig und durchgehend warm. Im Winter nie unter 15°C.
Wasser: Liebt hohe Luftfeuchte. Bei aufgedrehter Heizung öfter sprühen. Der Wurzelballen sollte immer leicht feucht, aber nie naß und auch nie staubtrocken sein.
Erde: Einheitserde mit Torfmull oder Heideerde und Styromull. Die Zwergdattelpalme braucht ein humusreiches, sehr luftiges Substrat.
Düngen: Von April bis August niedrig dosiert.
Umtopfen: Nur bei Bedarf.
Vermehrung: Aus Samen.
Schädlinge, Krankheiten: Bei zu kaltem und gleichzeitig feuchtem Stand Wachstumsstörungen und braune Fieder. Bei zu hartem Gießwasser (→ Seite 19) Bleichsucht (Chlorose). Bei zu trockener Luft Befall mit Spinnmilben (→ Seite 33).

Mein Tip: Wenn die Blätter hell und ausgebleicht aussehen, leidet die Pflanze unter Eisenmangel. Hier helfen regelmäßige Gaben sogenannter Eisenchelate, die Sie im Fachhandel bekommen.

Eine widerstandsfähige Zimmer- und Kübelpalme.

Die kleinbleibende Rhapis humilis.

Rhapis excelsa
Rhapis humilis
Steckenpalme,
Rutenpalme

Mit ihren bambusähnlichen, schlanken Stengeln, die mit braunen Fasern besetzt sind, verbreitet diese Palme fernöstlichen Charme. Beide Rhapisarten waren um die Jahrhundertwende beliebte Zimmer- und Kübelpflanzen. Sie sind sehr widerstandsfähig, dekorativ und nehmen auch mit einem nicht so hellen Platz vorlieb. So kann man diese Palme auch gut in ein Treppenhaus stellen, vor-

ausgesetzt, dort herrscht kein Dauerdurchzug. Die Blätter, fächerförmige Fieder, werden 15 bis 30 cm breit. *Rhapis excelsa* wächst in Topfkultur bis zu 2 m Höhe. Die insgesamt zierlichere *Rhapis humilis* erreicht nur 1 m Höhe und besitzt dichte zusammenstehende Stämmchen.
Heimat: China, Japan.
Standort: Hell bis halbschattig. Keine Sonne. Im Sommer warm, im Winter kühl bei 5 bis 10° C. Ab Mitte Mai an halbschattigen Platz ins Freie stellen.
Wasser: Im Frühjahr/ Sommer reichlich gießen. Wedel gelegentlich einsprühen. Im Winter sparsam gießen.

Erde: Einheitserde oder lehmige Gartenerde mit Sand.
Düngen: Von Mai bis August jede Woche.
Umtopfen: Nur, wenn der Wurzelballen sich aus dem Topf schiebt.
Vermehrung: Durch Samen und Ableger, die man von der Mutterpflanze trennt und einpflanzt.
Schädlinge, Krankheiten: Trockene und braune Wedel durch zu warmen und lufttrockenen Stand. Gelbe Blätter durch Spinnmilbenbefall (→ Seite 33).

Mein Tip: Die Rhapispalme ist als einzige auch als Bonsai erhältlich (→ Bezugsquellen, Seite 60). In den USA, wo sie unter der Bezeichnung »Lady Palm« bekannt und beliebt ist, gibt es Gärtnereien, die sich ausschließlich mit dieser Palme befassen.

Sabal minor, liebt helle Standorte.

Sabal palmetto, wächst in Florida.

Sabal minor
Sabal palmetto
**Sabalpalme,
Palmettopalme**

Bekannt sind etwa 25 Arten, deren Verbreitungsgebiet von Venezuela über Mittelamerika und Mexiko durch die südlichen USA bis zu den Antillen reicht. Sabalpalmen fallen vor allem durch ihre tief eingeschnittenen Fächerblätter auf. Es gibt stammlose, buschartig wachsende Arten und solche mit mächtigen Stämmen, die sich am Grunde schräg erheben. Die größten Sabalpalmen besitzen bei 25 m Höhe einen Stammdurchmesser von einem Meter. In Kuba beherrschen diese prächtigen Palmen das Landschaftsbild, und es soll sogar bei uns in Europa einmal Sabalpalmen gegeben haben. Aus Italien sind fossile Sabalblätter aus dem oberen Miozän (Erdzeitalter) bekannt. In Spezialgärtnereien für Kübelpflanzen gibt es *Sabal minor,* die kaum 2 m hoch wird und eher buschig wächst und ausläuferartige Rhizome bildet. Ihre mehr als meterbreiten, tief geschlitzten Blätter sehen manchmal bläulich bereift aus. Außerdem findet man *Sabal palmetto,* deren Blattstielreste ein sehr schönes Stammuster bilden.

Heimat: Suptropisches Amerika.

Standort: Ganzjährig sehr hell, vor allem im Winter. Ideale Pflanze für Glashäuser. Im Sommer warm, im Winter etwas kühler (10–15°C) halten. Ab Mai ins Freie an einen warmen, sonnigen Platz.

Wasser: Im Sommer reichlich, im Winter nur soviel gießen, daß der Wurzelballen nicht austrocknet.

Erde: Einheitserde oder lehmige Gartenerde mit Sand.

Düngen: Von Mai bis August alle 8 Tage.

Umtopfen: Nur bei Bedarf.

Vermehrung: Durch Samen, bei *Sabal minor* versuchsweise auch durch Ausläufer.

Schädlinge, Krankheiten: Bei hellem Stand selten.

Verträgt in maritimen Regionen Minusgrade.

Bizarres Stammrelief durch Abschneiden der alten Blätter.

Trachycarpus fortunei
Hanfpalme

Sie steht in Riesenkübeln oder frei ausgepflanzt in fast allen botanischen Gärten. Man begegnet ihr an den oberitalienischen Seen, an der Côte d'Azur oder an der Golfstromküste genauso wie in Weinbauregionen oder auf der Bodenseeinsel Mainau. Von allen Topf- und Kübelpalmen ist sie die widerstandsfähigste. Sie verträgt Temperaturen bis −20°C, in England zumindest. Die *Chamaerops* (Zwergpalme, → Seite 46) und die *Livisto-*na (→ Seite 50), mit denen sie leicht verwechselt wird, sind längst nicht so wetterfest. Die Hanfpalme wird im Kübel maximal 2 m hoch, bildet einen trutzigen behaarten Stamm und fast kreisrunde, glänzendgrüne Wedel auf 40 bis 90 cm langen Stengeln, die im Gegensatz zur *Chamaerops* (Zwergpalme) stachellos sind.

Heimat: Südostasien.
Standort: Hell, aber nicht unbedingt vollsonnig. Ab Mai ins Freie. Die Hanfpalme verträgt erfahrungsgemäß bei uns −15°C und kann frei ausgepflanzt werden, wenn man sie vor Winterbeginn in Stroh oder Folie einpackt. Wichtig ist, daß das Herz nicht naß wird. Trockenen Frost verträgt sie nämlich weitaus besser als feuchte Kälte. Pflanzen im Kübel überwintern bei 0 bis 5°C, am besten hell, es kann aber auch dunkel sein. Lüften nicht vergessen!
Wasser: Im Sommer mehr, im Winter nur so viel gießen, daß der Ballen nicht austrocknet.
Erde: Einheitserde oder TKS 2 mit lehmiger Gartenerde und Sand.
Düngen: Von Mai bis September alle Wochen.
Umtopfen: Nur, wenn der Ballen schiebt.
Vermehrung: Durch Samen.

Schädlinge, Krankheiten: Pilzbefall (→ Seite 34), Spinnmilben und Schildläuse (→ Seite 33) an zu warmem Winterplatz. Herzfäule durch zuviel Gießen im Winter. Beim Einräumen trockene Wedel abschneiden.

Mein Tip: Während Hanfpalmen frei ausgepflanzt mehrere Meter hoch werden können, beträgt der Stammzuwachs im Kübel nur wenige Zentimeter im Jahr. Kaufen Sie diese Palme daher nicht zu klein!

Eine stattliche Solitärpalme für Wintergärten.

Blatt der fadentragenden Washingtonia filifera.

Washingtonia
Washingtonie, Petticoatpalme, Priesterpalme

Die Washingtonie ist eine herrliche Kübelpalme, die rasch wächst und fast kreisförmige Fächer bildet. Im Gegensatz zu vielen Palmenarten fallen die alten Blätter nicht ab, sondern neigen sich nach unten und umhüllen den Stamm petticoatartig. Im Handel sind die mexikanische Art *Washingtonia robusta* und die kalifornische *Washingtonia filifera*, von deren Blattsegmenten zahlreiche hell-braune Fäden herabhängen (*filifera* = fadentragend). Beide Arten besitzen durch das Muster ihrer Blattstielansätze einen besonders schönen Stamm. Die Blätter von *Washingtonia robusta* sind glänzend grün, die der »Fadentragenden« graugrün.

Heimat: Arizona, Kalifornien, Mexiko.

Standort: Hell und luftig, im Sommer warm, im Winter kühl bei 5 bis 8°C. Verträgt absolut keine Heizung. Ab Mitte Mai ins Freie stellen.

Wasser: Im Sommer reichlich, im Winter weniger gießen.

Erde: Einheitserde oder lehmige Gartenerde mit Sand.

Düngen: Von April bis August alle 14 Tage.

Umtopfen: Junge Pflanzen jährlich, ältere selten.

Vermehrung: Aus Samen.

Schädlinge, Krankheiten: Läuse (→ Seite 32) und braune Blattspitzen bei zu trockener und gestauter Luft. Für ganzjährigen Zimmeraufenthalt eignen sich allenfalls ganz junge Washingtonien.

Mein Tip: Washingtonien wachsen relativ schnell und können auch im Kübel über 2 m breit und 3 m hoch werden. Für geräumige Wintergärten sind sie wunderbar geeignet, für kleine Balkone weniger gut.

Achtung: Verletzungsgefahr an den bedornten Blattstielen!

Wächst sehr langsam, große Exemplare sind teuer.

Die „Blüte" der Cycas, ein Zapfen aus Fruchtblättern.

Cycas revoluta
Palmfarn

In der Jugend wirkt er so locker und luftig wie ein Trichterfarn. Später bildet er einen Stamm und sieht eher einer Fiederpalme ähnlich. Der Palmfarn gehört zu den ältesten Pflanzen der Erde und hat mit den pflanzengeschichtlich jungen Palmen nur Äußeres gemeinsam. Wie sie wirkt er repräsentativ, elegant, dekorativ. Um die Jahrhundertwende verwendete man ihn als Dekorpflanze für Hotelhallen und Treppenaufgänge und als erlesenen Trauerschmuck. Danach war es lange still um ihn. Die Palmenwelle hat den Dinosaurier aus dem Pflanzenreich wieder auf den Markt geschwemmt. Prachtexemplare mit 2 m Höhe und Blattkränzen von mehr als 2 m Durchmesser findet man heute allenfalls noch in alten Gärten südlicher Villen. Da die Pflanze sehr langsam wächst, sind nur bonsaikleine Cycaspalmen zu bekommen.

Heimat: Südostasien, Japan.

Standort: Warm, hell, sonnengeschützt. Ältere Exemplare ab Mai ins Freie. Im Winter kühl und luftig halten (um 10°C). Beim Austrieb 25°C warm stellen. In ihrer ostasiatischen Heimat halten die Cycaspalmen sogar Minusgrade aus.

Wasser: Im Sommer gleichmäßig feucht, im Winter trockener halten. Die Erde zwischendurch immer gut abtrocknen lassen. Staunässe unbedingt vermeiden.

Erde: Einheitserde mit Sand.

Düngen: Ab Februar wöchentlich schwach konzentriert. Kenner schwören auf organischen Dünger, zum Beispiel Guano.

Umtopfen: Alle fünf Jahre.

Vermehrung: Durch Aussaat und Seitensprosse, beides für den Laien schwierig.

Krankheiten, Schädlinge: Wolläuse an zu warmen, ungelüfteten Überwinterungsplätzen (→ Seite 33).

Achtung: Der Palmfarn steht in seiner Heimat unter strengstem Naturschutz. Große Exemplare werden nach Zentimeter/ Höhe gehandelt und kosten beinahe soviel wie ein Kleinwagen. Diese Pflanze ist etwas zum Weitervererben, ja fast eine Geldanlage

Vital, wüchsig, pflegeleicht und sehr dekorativ.

Blütenstand der Yucca.

Yucca
Yucca, Yuccapalme

Obwohl sie nicht zur Palmenfamilie, sondern zu den Agavengewächsen gehört, gilt die Yucca im Erwerbsgartenbau als umsatzstärkster Vertreter der Gruppe Zimmerpalmen. Ihre Beliebtheit hat gute Gründe: Sie ist preiswert, leicht zu vermehren und zu kultivieren, eine dekorative Grünpflanze für Haus und Garten, wüchsig, aber jederzeit einkürzbar und nur durch zuviel Wasser oder Wärme umzubringen. Im Handel sind auch nackte Stammstücke, die man ganz leicht in Wasser oder Erde bewurzeln kann. Neben der bekanntesten Art, *Yucca aloifolia*, gibt es noch einige sehr attraktive Arten: *Yucca elephantipes*, *Yucca baccata* mit dicken, steifen, blaugrünen Blättern, *Yucca brevifolia*, die Wüstengärten »Charakter« gibt, *Yucca elata* mit nur zentimeterbreiten Blättern sowie die winterharten Arten *Yucca gloriosa* und *Yucca filamentosa*.

Heimat: Golf von Mexiko.

Standort: Vollsonnig, luftig und warm im Sommer, kühl und hell im Winter (nicht über 10°C).

Verträgt keine Heizung. Ab Mitte Mai ins Freie stellen.

Wasser: Im Sommer regelmäßig gießen. Topfballen zwischendurch ganz abtrocknen lassen. Im Winter fast trocken halten.

Erde: Übliche Blumenerde mit Lehm und Sand, Einheitserde.

Düngen: Von April bis August wöchentlich.

Umtopfen: Alle ein bis zwei Jahre. Tiefe und gut dränierte Gefäße verwenden.

Vermehrung: Durch Stammstücke und Seitentriebe.

Schädlinge, Krankheiten: Schlappe Blätter und Läuse durch zu dunklen und warmen Stand. Blattfall, Fäulnis und gelbe Blätter durch Übergießen und Staunässe.

Mein Tip: Zu groß gewordene Yuccas können an jeder beliebigen Stelle am Stamm eingekürzt werden. Den »Abfall« nicht wegwerfen! Verwenden Sie ihn zur Vermehrung (→ Seite 40).

Achtung: Verletzungsgefahr an den dolchartigen Blättern, die in einer langen scharfen Spitze auslaufen.

Palmensamen

Lothar Seik, Postfach 1348, 72003 Tübingen (Versand, auch sehr ausgefallener Arten)

Carl Sperling, Postfach 2640, 21316 Lüneburg (über Fachhandel, kein Versand)

Thysanotus, Postfach 448109, 28281 Bremen (Versand)

Julius Wagner, Eppelheimer Str. 18–20, 69215 Heidelberg (über Fachhandel, kein Versand)

Gerhard Wißmann, Arndtstr. 26, 49080 Osnabrück (Versand)

Pflanzen

Flora Mediterranea, Christoph u. Maria Köchel, Königsgütler 5, 84072 Au i. d. Hallertau (artenreiches Angebot an Palmen, Yuccas, Cycas/Versand)

»Grünes Zimmer« aller IKEA-Häuser (Zimmer- und Kübelpalmen, Yuccas/kein Versand)

Ibero-Import, Bahnhofstr. 12, 37249 Neu-Eichenberg (Palmen, auch ausgefallene Arten, spanische Keramik/Versand)

G.P.E. GmbH, Großpflanzeneinrichtungen, Heimhuder Str. 3, 20148 Hamburg (große und alte Palmen, Gefäße, rent-a-plant-Verleihservice, Hydrogefäße/kein Versand)

Wintergartenzentrum Schmidt & Schmidt, Podbielskistr.120, 31177 Hannover (große Palmen, Rhapis-Bonsai, große Terrakottagefäße, Überwinterungs-Service/kein Versand)

Kulturhilfen

Kuno Krieger, Gahlenfeldstr. 5, 58313 Herdecke/Ruhr (elektrische Luftbefeuchter)

Manfred Meyer, Eckenheimer Landstr. 334, 60435 Frankfurt/Main (alles zur Anzucht und Pflege tropischer und subtropischer Pflanzen/Versand)

Günter Ortmann, Uhlandstr. 31a, 40723 Hilden (Docht- und Dochtmattenbewässerung)

Edmund Romberg & Sohn, Werner-von-Siemens-Str. 13, 25479 Ellerau

Werga Tools, Weststr. 42, 40721 Hilden (Anzucht-Sets, Fensterbank-Gewächshäuser, über Fachhandel)

Witte & Sutor GmbH, 71540 Murrhardt (Keimfix-Aussaatschale und Thermolux-Wärmematte, im Fachhandel)

Wolf-Geräte GmbH, Wilhelmstr. 95, 57518 Betzdorf (heizbare Keimbox, über Fachhandel)

Töpfe, Übertöpfe

Emsa-Werke, Grevener Damm 215–225, 48282 Emsdetten (Übertöpfe, Kübel bis 36 cm ⌀, Kunststoff, weiß, braun)

Garpa, Kiehnwiese 1, 21039 Escheburg (Versailleskübel in Teak)

Stephan Kirchner GmbH, Norderster Weg, 25980 Keitum/Sylt (Versailleskübel in Mahagoni, weiß lackiert)

Hydro Gregg, 59394 Nordkirchen

LENI-Hydrokultur, Postfach 1352, 51702 Bergneustadt (Hydrogefäße)

LIMAS-Mani+Liechti AG, Hohe Straße 22, 44139 Dortmund (elegante weiße und terrakottafarbene Gefäße für drinnen und draußen)

Runge GmbH & Co., Postfach 3646, 49026 Osna-

brück (Palmenkübel in Mahagoni, weiß lackiert)

Scheurich-Keramik, Postfach 1160, 63921 Kleinheubach (Übertöpfe)

TWL-International-Hydrokultur, Hans-Sachs-Str. 36, 65428 Rüsselsheim

Vetter-Keramik, Jahnstr. 12, 56235Ransbach-Baumbach (Keramikübertöpfe, Kübel ausTerrakotta,Kunststoffkübel bis 60 cm ⌀)

Die meisten der genannten Hersteller liefern nicht direkt. Wenn man Ihnen im Fachhandel nicht weiterhelfen kann, nennt man Ihnen aber gern eine Bezugsquelle in der näheren Umgebung.

Mein Tip: Fügen Sie einen frankierten und mit Ihrer Anschrift versehenen Rückumschlag bei, dann geht's schneller!

Sehenswerte Palmensammlungen

Bundesrepublik Deutschland: Palmengarten Frankfurt/Main (im neuen Tropicarium die größte Sammlung der Welt unter Glas)

Botanischer Garten Hamburg (berühmte Cycadeensammlung)

Botanischer Garten Berlin

Im Ausland: Royal Botanic Gardens Kew/England

New York Botanical Garden/USA

Huntingdon Botanical Gardens San Marino/Kalifornien, USA

Fairchild Tropical Garden Miami/Florida (größte Palmensammlung der USA, Palmenmuseum und größte Cycadeensammlung der Welt)

Hope Botanic Garden, Kingston/Jamaica

Botanischer Garten Rio de Janeiro/Brasilien

Botanic Gardens of Adelaide/Australien

Botanic Garden Darwin/Australien (mehr als 100 Arten)

Royal Botanic Gardens Pamplemousses of Mauritius (seltene und sehr alte Exemplare)

Bogor Botanic Gardens Djakarta/Indonesien (ältester botanischer Garten der Tropen)

Paradeniya Gardens/Sri Lanka.

Berühmte Palmenalleen

Die drei Palmenalleen im Botanischen Garten von Rio de Janeiro/Brasilien

Royal Palm Way in Palm Beach/Miami, USA

Croisette von Cannes/Frankreich

Promenade des Anglais in Nizza/Frankreich

Empfehlenswerte Literatur

»Palmen« von Prof. Dr. Wilhelm Lötschert (Verlag Eugen Ulmer)

Flora Mediterranea – Handbuch Kübelpflanzen/Wintergärten/Interior Scape (erhältlich gegen Einsendung von 10 DM in Briefmarken, Königsgütler 5, 84072 Au i. d. Hallertau)

Wer sich näher mit Palmen befassen und mit Palmenliebhabern aus aller Welt korrespondieren und Samen austauschen möchte, kann Mitglied der Internationalen Palmengesellschaft werden. Auskünfte erteilt: The Palm Society, P. O. B 368, Lawrence/Kansas 66044, USA

Mit Blüh-Garantie. Die Drillinge von GU.

Immergrüne und prachtvoll blühende Pflanzen-Schönheiten verzaubern Wohnung, Balkon, Terrasse und Garten. Allerdings – Schönheit braucht natürlich Pflege! Mit den praktischen Ratgebern von GU wird das ersehnte Pflanzen-paradies Wirklichkeit – ganz leicht! Und dann »blühen« Ihnen die schönsten Stunden ... Das ganze Jahr hindurch.

Porträts und Pflegeanleitungen der beliebtesten Balkon- und Kübelpflanzen sowie Neuheiten und Raritäten. 240 Seiten, 350 Farbfotos, 150 Farbzeichnungen. **39,80 DM/311,- öS/39,80 sfr.**

Der Schlüssel zum Erfolg beim Zimmergärtnern: umfassendes und leicht verständliches Know-how rund um die Pflanzen-Liebhaberei! 240 Seiten, 350 Farbfotos, 140 Farbzeichnungen. **39,80 DM/311,- öS/39,80 sfr.**

Auch im kleinsten Garten ist Platz für ein Paradies! Dieser Ratgeber zeigt, wie jeder seine »Blütenträume« verwirklichen kann. 240 Seiten, 500 Farbfotos, 100 Zeichnungen. **48,- DM/375,- öS/49,40 sfr.**

Mehr draus machen. Mit GU.

Arten- und Sachregister

Die **halbfett** gesetzten Seitenzahlen verweisen auf Farbfotos und Farbzeichnungen. U = Umschlagseite.

Abmoosen 40
Alter, mögliches 11
Alternative Schädlings-
 bekämpfung 35
Anzucht geschälter
 Kokosnüsse 39
Archontophoenix **42**
Archontophoenix alexandrae
 36
Archontophoenix cunning-
 hamiana 42
Areca catechu 43
Areca ceae 43
Arecapalme 47
Arecastrum romanzoffianum
 15, 36
Arzneimittel aus Palmen 9
Aurigoflecken 32
Aussaat 36, 37
– in Hydro 37
–, wichtige Pflegemaß-
 nahmen nach der 37
Aussaatzeit 37
Aussehen 6

Ballenverkleinerung 26
Bergpalme 36, 45, **45**
Betelnußpalme 43, **43**
Bewässerung im Urlaub 19
Bewässerungssystem 19
Blasenfüße 33
Blätter reinigen 24
Blattfleckenkrankheit 34
Blattläuse 32
Blattspitzen, braune 24
Blattstiele mit Stacheln **9**
Blüten 11
– der Hanfpalme **14**
Bonsai, Palmen als 30
botanischer Name 13
Brahea armata 15
Brennesseltee 35
Butia capitata 15
Butia yatay 36
Butiapalme 36

Caryota mitis 44
Chamaedorea 36
Chamaedorea elegans 45
Chamaerops 36
Chamaerops humilis **37**, 46
Chrysalidocarpus lutescens
 47

Cocos nucifera 48
Cocos plumosa 15
Cycas **58**
Cycas revoluta 58
Cyrtostachys renda **17**

Dattelernte 39
Datteln 38
–, Palmen aus
 getrockneten 38
–, Wissenswertes über 38
Dattelpalme **5, 21**, 36, 38
Dattelpalme, echte **52**
deutscher Name 13
Dickmaulrüßler 34
Dictyosperma album 36
Dumpalme 7
Düngen 20
Düngeregeln 22
Düngestäbchen 22
Durchspülen des Substrats 22

Echte Dattelpalme **52**
Einheitserde 22
Einkaufsquellen 12
einkeimblättrig 6
Einpflanzen 38
Elaeis guineensis 15
Enthärtungsmöglichkeiten 19
Erde, geeignete 22
Erdpflanzen umstellen auf
 Hydrokultur 26
Erythea armata 15
Exotenaussaat 36
Exotische Pflanzengesell-
 schaft **29**

Fächer 6
Fächerpalmen 6
Fieder 6
Fiederpalmen 6
Fischschwanzpalme 44, **44**
Fliege, Weiße 33
Früchte 8

Gattungen 6
Geleepalme 15
Genußmittel aus Palmen 9
Geschichte der Palmen 10
Gestalten mit Palmen 28
Gestaltungsmöglichkeiten 30
Getränkeherstellung aus
 Palmen 9

Gewebewucherungen 32
Gießen 18
Gießregeln 18
Gießwasser, richtiges 19
Goldfruchtpalme **27**, 47, **47**
Größe, mögliche 11

Hanfpalme U 2, **21**, 56, **56**
–, Blüten der **14**
Herkunft 6
Holunderblattbrühe gegen
 Blattläuse 35
Honigpalme 15
Howeia 49, **49**
Howeia belmoreana 49, **49**
Howeia forsteriana 49, **49**
Hydrokultur 26
– düngen 26
–, Erdpflanzen umstellen
 auf 26
Hyophorbe verschaffeltii 15

Innenräume, Palmen für 15
Ionenaustauscher 26

Jubaea 15

Kalthauspalme 15
Kanarische Dattelpalme 52,
 52
Kauftips 12
Keimen, Kokosnuß 39
Kentiapalme 49
Kerzenherstellung aus
 Palmen 9
Knoblauchtee 33, 35
Kokosnuß 39
– zum Keimen bringen 39
– Anzucht 39
Kokospälmchen 36, 51, **51**
Kokospalme **8, 41**, 48, **48**
Königspalme 36
Kosmetikartikel aus Palmen 9
Krankheiten 31
Kübel 30
Kübelpalmen **25**
kümmerlicher Wuchs 32
Kunstlicht 17
Kunststofftöpfe 23

Langzeitdünger 22
Lehm 23
Licht 16

– messen 16
Lichtbedarf 16
Licuala grandis 15, **30**, 36
Livistonia australis 50, **50**
Livistonia chinensis 50
Livistonia rotundifolia 50, **50**
Livistonie 36, 50, **50**
Luft, trockene 20
Luftfeuchte 20
– erhöhen 20
–, relative 20

Mascarena verschaffeltii 15
Microcoelum 36
Microcoelum weddelianum
 51
Mikroklima 20
Minigärten, Palmen in 30
Mißwuchs 32
Möbelherstellung aus
 Palmen 9

Name 13
–, botanischer 13
–, deutscher 13
–, volkstümlicher 13
–, verdeutschte botanische
 13
Nikanpalme **15**, 36
Nutzinsekten zur Schädlingsbekämpfung 35
Nutzpflanze, die Palme als 9

Ölherstellung aus Palmen 9
Ölpalme 15
organische Dünger 21

Palmen
– als Bonsai 30
– draußen überwintern 24
– in Minigärten 30
–, neue Arten von 15
– Superaltive 9
– unterpflanzen 28
Palmenblätter 6
Palmenblüten, duftende 8
Palmenbörse 15
Palmenfamilie 6
Palmengeschichte 10
Palmenkauf 11
–, Jahreszeit für 12
Palmenpflege 16
Palmenpreise 12

Arten- und Sachregister

Palmensämlinge **38**
Palmettopalme 55
Palmfarn 58, **58**
Petticoatpalme 57
Pflanzen, die mit Palmen harmonieren 28
Pflanzendoktor 35
Pflanzenschutzamt 35
Pflege 16
Pflegefehler 31
Pflegemaßnahmen 24
Phoenix 36
Phoenix canariensis 52, **52**
Phoenix dactylifera 52
Phoenix roebelenii 53
Phoenix-Brandpilz 34
Physiologische Störungen 31
Pikieren 38
Pilzkrankheiten 34
Plastikbeutel gegen Spinnmilben 35
Priesterpalme 57
Pritchardia 36
Ptychosperma 42
Ptychosperma macarthurii 15

*R*aritäten 36
Reinhardtia gracilis 36
relative Luftfeuchte 20
Rhapis excelsa 54, **54**
Rhapis humilis 54, **54**
Rhopalostylis baueri 15
Rhopalostylis sapida 36
Roystonea regia 36
Rutenpalme 54

*S*abal 36
Sabal minor 55, **55**

Sabal palmetto 55, **55**
Sabalpalme 36, 55
Samen 8, 36
– selber ernten 36
– aus dem Urlaub 36
Samenkauf 36
Sämlinge **38**
Sand 23
Schachtelhalmtee 22
Schädlinge 31, 32
–, Bekämpfungsmöglich-keiten gegen 31
Schädlingsbekämpfung, alternative 35
–, Nutzinsekten zur 35
Schildläuse 33
Schirmpalme 50
Schmierläuse 33
Schmierseifenlösung 33
Sclerotium 34
Seaforthia elegans 42
Siegellack- oder Rotstiel-palme **17**
Sommerfrische 24
Sonnenbrand 32
Speisenherstellung aus Palmen 9
Spinnmilben 33
Spiritus-Seifen-Lösung 35
Sprühen 20
Stamm 7
Standorte 11
–, geeignete 16
Standorttips 11
Steckenpalme 54
Strahlenpalme 15, 36
Styromull 23
Substrate 23

*T*auchbad 19
Teilen 40
Terrasse und kühle Winter-gärten, Palmen für 15
Thripse 33
Tongranulat 27
– düngen 27
Tontöpfe 23
Töpfe 23, 30
Torf 23
Trachycarpus fortunei 56
Trauermücken 34
trockene Luft 20
Trockenschäden 32
Tropicarium des Frankfurter Palmengartens **10**

*Ü*bertöpfe 30
Überwintern 24
Umtopfen 16, 22
–, Anzeichen fürs 22
–, richtige Jahreszeit fürs 22
– Schritt-für-Schritt 23
Unterpflanzen 28
Urlaub, Bewässerung im 19
Urlaubsmitbringsel 15

*V*eitchia merrillii 15
Verletzungsgefahr 12
Vermehren 36
– der Yucca 40
– durch Teilen 39
volkstümlicher Name 13
Volldünger 21

*W*ashingtonia **13**, 36, 57
Washingtonia filifera **57**
Washingtonie 36, 57, **57**

Wasser enthärten 19
Wasserhärte 19
Wassermenge, richtige 18
Wasserversorgung 18
Wedel entfernen, verdorrte 26
Weiße Fliege 33
Wintergarten **U** 3
Wintergärten, Palmen für 15
Wissenswertes über Palmen 6
Wolläuse 33
Wuchs, kümmerlicher 32
Wurzelschäden 31

*Y*ucca 59, **59**
–, Vermehrung der 40
Yucca aloifolia 59
Yucca baccata 59
Yucca brevifolia 59
Yucca elata 59
Yucca elephantipes 59
Yucca filamentosa 59
Yucca gloriosa 59
Yuccapalme 59

*Z*uckergewinnung aus Palmen 9
Zwergdattelpalme 53, **53**
Zwergpalme 36, **37**, 46, **46**

Die Farbfotos auf dem Buchumschlag:
Umschlagvorderseite:
Howeia forsteriana.
Umschlagseite 2: *Washingtonia.*
Umschlagseite 3: *Wintergarten.*
Umschlagrückseite: *Microcoelum wed-
delianum* (oben links); *Sabal palmetto*
(oben rechts); *Chamaedora elegans* (un-
ten links); *Washingtonia* (unten rechts).

Die Fotografen des Buches:
Bavaria: Seite 8, 41, Becker: Seite 7, 29,
64, U3, Burda/mein schöner Garten:
Seite 13, 44 r., Eigstler: Seite 25, Heitz:
Seite U2, 1, 10, 38, 51 r., 52 r., 56 r.,
58 r., U4 l. o., u. r., Gebrüder Lenz:
Seite 27, Pott: Seite 37, Riedmiller: Seite U1, 3 Mitte r., 9, 15, 17, 30, 42, 43,
44 l., 45 l., 46 l., 47, 48, 49, 50, 51 l.,
52 l., 53, 54, 55, 56 l., 57, 58 l., U4
r. o., l. u. Stork: Seite 2 u., o., 3 u.,
Strauß: Seite 59, Wetterwald: Seite 2 l.,
5, 14, 21, 45, 46 r., 57 r.

Redaktionsleitung: Maryna Zimdars
Redaktion: Renate Weinberger
Lektorat: Dr. Martina Schneider
Herstellung: Johannes Schmidt-Thomé
Produktion: Helmut Giersberg
Umschlaggestaltung:
Heinz Kraxenberger
Satz: Schwanke+Holzmann
Reproduktion:
Gebr. Czech & Partner
Druck: Pera
Bindung: R. Oldenbourg

ISBN 3-7742-2449-8

Auflage 9. 8. 7. 6. 5.
Jahr   98 97 96 95 94